JN193879

Business Management in a Global Era

グローバル時代の経営管理

YUKAWA Keiko

湯川恵子 ［著］

八千代出版

はしがき

　経営学を学ぶ皆さんにとって、経営管理の諸理論を自身のキャリア形成の過程で役に立つものとして欲しい、というのが本書の狙いです。そもそも経営学という学問分野を「難しそう」と思ってしまったり、経営者のための学問と考えてしまったりする人は少なくないでしょう。あるいはお金儲けのための学問と誤解されることもあるかもしれません。

　たしかに、100年前であれば企業組織は規模も小さく、社会で果たす役割も相対的に小さかったので、経営は専門的で特殊な職業の人々に限られていました。たとえば、テイラーが唱えた科学的管理法は、生産現場で作業管理を行っていた監督者のために考え出されたものでした。

　しかし今日のように、さまざまな場面で企業の影響を大きく受ける現代社会では、企業経営の範囲はもはや一部の経営者のものとはいえないほどに拡大しています。つまり企業の仕組みや経営のあり方について、多くの人々が関心をもって考えていくことが求められているといえます。これから学んでいく経営管理においても、主に対象とするのは企業の活動ということになるのが当然の流れといえます。本書では、経済学で扱う家計や政府と並ぶ経済主体の一つである企業組織について、その仕組みやあり方に着目していきたいと考えています。

　さらにもう一つ、経営学を学ぶと、ヒトや組織、社会を見る目を養うことができることも強調しておきたいと思います。たとえば

リーダーシップの諸理論を通じて、リーダーの役割のみならず、これを支えるメンバーシップの視点や企業の意思決定のあり方などを考えていく機会を得ることができるでしょう。現代社会の諸問題に多様な視点からアプローチできることは、一人ひとりのこれからのキャリア形成にとって大きな糧となるに違いありません。

　経営管理の「理論」などと堅苦しく構えてしまうと、あらゆる理論を難しく考えすぎてしまうかもしれません。しかし、リーダーシップの理論を整理したレヴィン（第7章で登場）は、「よい理論ほど実践的なものはない」(There is nothing so practical as a good theory.) という言葉を残しています。皆さんの置かれている状況のなかで、必要な経営管理の基礎理論を理解し、実際の経営管理との関係を見据えながら将来の目指す職業に近づくためのキャリアデザインを構築されるならば、おのずと経営管理は身近なものになるでしょう。

2019（令和元）年8月

湯川　恵子

目　　次

はしがき　　i

第1章　経営学とはどんな学問か？ ……………………………… 1
1．企業と経営管理　　1
2．経営の目的　　3

第2章　経営管理の発展 ……………………………………… 5
1．「経営学の父」テイラーの課業管理　　6
2．フォードの大量生産システム　　9
3．「経営管理の父」ファヨールの管理過程論　　12
4．経営管理の展開　　16
　経営管理論のはじまり―テイラー・ファヨール・ウェーバーの功績　16
　メイヨーと人間関係論―新古典理論　18
　近代管理論の幕開け―バーナード革命とサイモンの意思決定論　21
　環境を意識した経営管理論の登場―コンティンジェンシー理論　29
　その後の経営管理論の展開　32

第3章　経営組織のデザイン ……………………………………… 34

1．組織デザインの基本的な考え方　35
2．組織管理の原則　36
3．職能別組織と事業部制組織　40
職能別組織—企業組織デザインの基本形　40
事業部制組織の登場　41
4．組織構造のバリエーション　44
マトリックス組織　44
プロジェクト組織／タスクフォース　46
戦略的事業単位（SBU）　47
社内ベンチャーから分社化へ　48
カンパニー制組織　49
その他の組織構造　52
5．組織構造の選択　56
環境適応と組織構造　56
組織デザインの地平　58

第4章　経営戦略 ……………………………………………………… 60

1．経営戦略とは　61
経営戦略の重要性　61
経営管理から経営戦略へ—チャンドラーとアンゾフ　63
事業多角化のための戦略—プロダクトポートフォリオマネジメント　68
2．競争戦略論　75
ポーターの競争戦略論　75
競争戦略から「競争しない」戦略へ　81
3．創発型戦略　82
4．経営戦略の策定　84
経営戦略の3つのレベル　84
5．マーケティングの基本概念　87
機能別戦略のなかのマーケティング　87
マーケティングのプロセス　88

第5章　経営資源の管理 …………………………………… 93

1．経営資源と経営環境　94

2．経営資源の集合体としての企業　97

3．資源管理の新潮流　99

情報資源の有用性　99

コア・コンピタンスの獲得　100

資源ベース理論　102

知識創造の考え方　103

4．情報資源の功罪　104

情報処理装置としての組織　104

イノベーションとイノベーションのジレンマ　105

情報資源の活用とオープンイノベーション　109

第6章　組 織 文 化 …………………………………… 112

1．組織文化とは　113

組織文化の特性　113

組織文化の定義　114

2．組織文化の機能と逆機能　118

組織文化の機能（メリット）　118

組織文化の逆機能（デメリット）　119

3．組織文化の変革　121

第7章　リーダーシップとパワー …………………………………… 124

1．リーダーシップの役割　125

リーダーシップの基本概念　125

パワーの源泉　126

権限のルーツによるパワーの4分類　128

2．リーダーシップ理論の変遷　130

リーダーシップの特性論　130

リーダーシップの行動論　131

リーダーシップのコンティンジェンシー理論　135

リーダーシップの新潮流　139

3．実践につなげるリーダーシップ　144

第8章　モチベーション（動機づけ）　146

1．動機づけ要因の探求　147

動機づけ要因とは　147

ホーソン実験からの知見　148

2．組織行動論のなかの動機づけ理論　150

マズローの欲求五段階説　150

マクレガーのX理論・Y理論　153

ハーズバーグの動機づけ衛生理論　155

3．近年の動機づけ理論　157

マクレランドの欲求理論　158

期待理論　158

内発的動機づけ　160

公平理論　161

4．多様な人材を動機づける　162

第9章　グローバル経営　164

1．企業が国境を越える理由　165

国際化の意義　165

国際化が難しい理由　166

国際化とグローバル化　168

2．海外進出企業の組織形態　169

多国籍企業の分類　169

多国籍化の基準―E-P-R-Gプロファイル　171

国際企業・多国籍企業・グローバル企業　173

参考文献・参考ホームページ　176

人名索引　186

事項索引　188

第 1 章

経営学とはどんな学問か？

　経営管理の研究対象は主として企業組織である。複数の人々が企業組織のなかで協働しながら仕事を成し遂げるプロセスを把握し、「どのような管理が行われるべきか」「どのように働き、どのような成果を出すべきか」について、合理的な活動の仕組みやヒトの問題を扱っていくのが経営管理論の役割といえる。この章では経営管理の定義づけをしたうえで、企業は「何のために」「誰のために」存在しているのか、すなわち経営の目的を整理していこう。

1．企業と経営管理

　経営管理論の研究対象は主に企業である。企業が何のために存在するのか、どのような活動を繰り広げるのか、より合理的な活動を展開するにはどうしたらいいのか、といった問題を体系的かつ具体的に解明していく学問といえる。

　実際の企業では、多くの人々が組織的な活動によって、ヒト・モノ・カネ・情報などの経営資源から財やサービスを生み出し、市場を通じて顧客に届ける活動を行っている。このような経営活動は、たとえば少子高齢化や新技術の開発、顧客ニーズの変化などといった経営環境の影響を大きく受ける。企業はこうした変化に適応しな

がら、存続・発展する存在である。つまり企業は経営環境に対して**オープンシステム**（open system）の立場をとっており、企業が経営環境に対して開放的な相互作用をとる様子をとらえて、「企業は生き物」と表現されることもある。

　ここで企業とはいったい何なのか、その性格を整理しておこう。第一に、企業は生産経済体であること。財やサービスを生産し、市場に投入していく存在である。第二に、企業は独立性をもち、自らの意思で主体的に行動する。第三に、企業は営利原則にもとづき、合理的に活動する。第四に、企業は組織体であり、複数の人々の協働によって目的を達成しようとする存在である。ゆえに協働関係の生じない個人企業には管理の問題が発生しないので、経営管理の対象とはなりえない。

　ついでながら、企業は会社と呼ばれることもあり、これらはほぼ同じような意味にとらえられることも多い。企業は経営活動を行う組織体で、会社とは会社法にもとづいて設立された法人のことを指す。たとえば法人化されていない商店は企業であり、会社ではない。しかし会社について説明する際、企業と説明することも珍しくない。本書でも企業と会社の使い分けをそれほど深刻に考えずに、前後の言葉の違いで使い分ける程度の理解で進めていきたい。

　さて、経営管理では主体性をもつヒトとその協働関係に働きかける点で他の管理とは異なっている。たとえば、生産管理や財務管理などはヒト・モノ・カネ・情報といった経営資源のなかでも無機的な資源に着目し、これら資源の合理的な活用技術に力点が置かれる。ゆえに人間とその協働システムとしての組織の管理は多面的に展開されていくことになる。ときには人間が生来もつあいまい性や不確

実性をも課題にしていかなければならない点で、経営管理は難しいともいえるが、裏を返せば非常に人間らしい学問領域ともいえる。

　以上のことをまとめると、経営管理の輪郭が見えてくる。すなわち**経営管理**とは、人に働きかけて、協働的な営みを発展させることによって、経営資源を有効活用し、環境適応能力と創造性を高めて、企業の目的を実現しようとする活動と定義することができる。

2．経営の目的

　経営主体である企業は何のために存在しているのだろうか。利益のためだろうか。企業の目的を考える際にヒントになるのは、企業が置かれている立場を見ていくことである。単純化していえば、企業は外部から原材料や部品を仕入れ、これらを加工して製品を製造し、販売する活動を行っている。そこには、顧客以外にも株主や銀行、取引業者などの関係者がおり、決して自社一社だけで経営活動を行っているわけではない。こうした関係者のことを、**利害関係者**もしくは**ステイクホルダー**（stakeholder）という。なお利益は、これら利害関係者への支払い義務を果たした後の残余を指し、利益が出ているということは、すなわち利害関係者への支払い義務を果たせていることを意味している。たとえば、従業員には給料を支払い、原材料納入業者には代金を、株主には配当、国や地方自治体には税金を支払っている。そのため、企業がうまく利益をあげることができなければ、こうした利害関係者に対して十分な支払いをすることができなくなってしまう。企業は利益をあげ続けることで社会に貢献し、人々の生活を豊かにするものであることから、企業にとって

利益は大変に重要なものなのである。

　しかし興味深いのは、利益をあげることを重視しながらも、これを唯一の企業目標に掲げる企業が存在しないことである。なぜだろうか。

　今日の経営に大きな影響力をもつ経営学者のドラッカーは企業の目的を「顧客の創造」（to create a customer）に置いている。会社が売りたいものではなく、顧客が求めているものを最優先して、付加価値の高い商品を顧客に提供することを、「顧客の創造」という言葉で表現している。もちろんドラッカーも利益を否定しているのではなく、利益は先に立つものではなく後からついてくるものと考えたのである。どんなによい企業であっても、利益が出なければ倒産してしまう。利益とは企業存続の必要条件であり、かつ将来への投資の原資と考えるとよいだろう。

　企業の存在意義を考えるとき、利益は経営者の思い描く目的を達成するための手段となり、真の目的は利益とは別の形をとる。当然、企業目的には唯一の正解は存在しないが、企業が社会の公器として何らかの役割を果たしていくことが求められ続けるのはいうまでもない。

第2章

経営管理の発展

　20世紀のはじめ頃、大量生産システムへの道を開いたテイラーと管理職能の独自性を説いたファヨール、彼ら2人の出現によって経営管理論の基礎ができあがった。彼らの出現する以前の経営管理は経験と勘にもとづく成り行き任せの管理でしかなく、科学的考察にもとづく論理と実践の世界に経営学を発展させた2人の功績は大きい。

　テイラーとファヨールによる経営管理の幕開けののち、世の中が世界恐慌によって社会不安にさらされるなか、企業経営への不信を払拭するために、企業組織に対する正当性や存在意義を説明する理論の必要性に直面したバーナードは、電話会社の最高経営者としての経験をもとに『経営者の役割』を執筆し、人間性を重視した経営管理のあり方を説き、この考え方はサイモンの意思決定論に影響を及ぼしていく。

　経営管理論の発展は、合理的管理と人間的管理のはざまで常に行ったり来たりを繰り返している。さらに経営管理を複雑にしているのは、組織の内部と外部にある経営環境の変化であり、これらが理解を難しくしている。ゆえに経営管理の理論展開をたった一つの歴史の流れで把握することができない点で、全体像をつかむのは難しいといわざるをえない。しかしそれぞれの理論の背景や立場の違

いを学ぶことで、経営管理論を系統的に理解することは可能である。そこから今日の企業経営につながる経営管理論を身につけていきたい。

1.「経営学の父」テイラーの課業管理

経営学の歴史は経済学に比べて非常に浅く、そのはじまりは20世紀に入って、テイラー（Frederick Winslow Taylor：1856-1915）が1911年に「科学的管理法」を考案し、経営学の父と呼ばれるようになったところからスタートする。テイラーは、それまで経験や勘に頼っていた作業現場の管理を、合理的な規則と手続きによって行うために、科学的管理法（scientific management）を考案した。

科学的管理法は、アメリカ人機械技師のテイラーが20世紀初頭に考案した工場管理のシステムおよびその思想のことで、テイラー・システムとも呼ばれている。科学的管理法とは、一般的には諸科学の科学的方法を利用して管理を行うことを意味する。しかしこの言葉は、主にテイラーの考案した管理システムである「課業管理」（task management）を意味するものとして、20世紀初頭のアメリカおよび日本も含めた多くの国々に普及していったのである。

そもそもテイラー以前の工場管理とはどのようなものだったのだろうか。当時の管理スタイルは、現場の職長によるアメとムチの管理であり、経験と勘にもとづく成り行き管理（drifting management）であった。労働者は自分たちの利益を守ろうとして組織的に怠業をしており、本当はやればできるはずの仕事量をこなしていなかった。一方で雇い主や職長たちも、そもそも労働者が一日精いっぱい仕事

をすればどのくらい作業ができるのかはよくわかっていなかった。この状況では、**組織的怠業**は防ぐことはできないし、生産性の向上も望めないことは明らかだった。

　そこでテイラーは、これまでの経験と勘にもとづく成り行き管理に代わって、研究・分析にもとづく管理、すなわち科学的管理を提唱したのである。これは、労働者が一日に行う標準的な作業である**課業**（task）を設定し、**時間研究**（time study）と**動作研究**（motion study）を行い、現場で各動作にかかる時間をストップウォッチで測定し、無駄な動作を省き、最も効率的な作業を明らかにするなかで、標準的な課業が科学的に設定された。

　次に、テイラーは**差別出来高賃金制**（differential rate system）の導入を提案した。これは労働者が作業を標準時間で行い、課業を達成したときには高い賃金が支給され、反対に課業に達しなかったり、製品に欠陥があれば、低い賃率の賃金が支払われるようにし、労働者の意欲を刺激した。しかし注意したいのは、テイラーは労働者に最速時間による作業に対して理解があるならば、差別出来高賃金制は必ずしも必要な制度ではない、と主張している点である。労使双方が納得しうる作業時間と、それにもとづく賃金の決定こそが重要であり、この共通理解があってはじめて職場がうまくいくと考えたのである。

　テイラーは組織的怠業の問題に直面し、そこから独自の課業管理の体系を科学的管理法として展開したことから、彼が経営管理に果たした役割はとても大きいことがわかる。テイラーが「経営学の父」と呼ばれるのもこの功績があったからこそといえる。しかしいくつかの問題点があることも否定できない。

　第一に、科学的管理法は労働者を機械と同一視している点にある。労働者は人間である以上、一定時間の機械的反復によって作業する存在ではなく、疲労もするし、職場の人間関係にも左右される存在である。こうした人間的要素を考慮しないで、作業の効率や能率を追求することはできない。この意味で、科学的管理法は労働者を機械と同一視しているという批判からは逃れられない。

　第二に、個々の労働者の課業管理に終始している点である。テイラーは一人ひとりの労働者を対象として、その合理的課業実現のための方法を研究したが、現実の企業では、仕事は相互に役割分担され、組織的に作業が遂行されている。ゆえに経営管理は個々の労働者の能率よりも、組織の総合力を継続的に効率よく活用することが課題とされなければならないという批判である。

　第三に、テイラーは作業の科学化を行ったものの、管理の科学化には至っていないという点である。テイラーは労働者に蓄積されている作業の知識を集めてこれを規則化・法則化しているが、作業の科学化をいくら精緻化しても、それは管理の科学化にはならないという批判である。科学的管理とは、管理職能を対象とし、管理の規則性や法則性を見出しうるものでなければならない。すなわち、経営管理論は、経営活動の全過程にわたる管理の総合体系にまで展開されなければならないと考えられる。

　テイラーの科学的管理法は、現代の経営管理研究の基礎を築いただけでなく、アメリカで大量生産システムの土台となったフォーディズムに発展し、さらに工学的な技術と融合して、経営工学やインダストリアルエンジニアリング (IE) として展開、またトヨタのジャストインタイムシステム (JIT) もここから生み出されており、

経営管理の発展に大きく貢献したといえる。しかしテイラーの科学的管理法は工場内の管理手法としては効果的だったものの、全社的な管理の視点が欠けており、製造過程の部分的管理論をなすにすぎないといえる。一方で、テイラーと同時代にフランスではファヨールが経営管理論を展開し、のちの経営管理論の発展に大きな影響を与えている。

2．フォードの大量生産システム

フォード（Henry Ford：1863-1947）は、自動車会社の社長としてベルトコンベアによる大量生産方式である**フォードシステム**と、それを支える哲学として**フォーディズム**を確立した。彼は経営学者ではなく実務家であったが、テイラーによって提唱された科学的管理法を実践し、経営管理の重要性を広く知らしめた人物である。

　フォードはアメリカ・ミシガン州で農家の子供として生まれたが、機械いじりが好きだった彼はデトロイトの機械工場の徒弟を経て、発明家であり企業家でもあったエジソンの経営する照明会社の技師をするかたわら、自動車の試作に没頭し、ついに最初の自動車を作ることに成功した。1903年にフォード自動車会社を設立し、1906年に自ら社長となった。そしてA型からアルファベット順に試作を重ねた結果、1908年に小型の大衆車である**T型フォード**を発表したのである。当時、金持ちの遊び道具だった自動車を、農民でも買える大衆の足にしたいという思いで、大衆自動車市場を創造したのは、フォードの生い立ちと少なからず関係があるといえる。

　フォーディズム（Fordism）は、フォードが折に触れて発言してい

る信念や基本姿勢であり、フォード社の経営理念である。フォーディズムでは、「より良いものをより安くより大量に」提供するという「サービスの精神」をもって社会に貢献するべきであり、利潤は経営の目的ではなく、企業活動の結果として生じるものであると考えた。また、従業員に対して高い賃金を支払うという「賃金動機」をもって経営に当たり、従業員の生活水準を向上させ、雇用を守ることで企業の社会的な存在意義を示し、一部の経営者の個人的な利潤を追求する「利潤動機」を退けた。利潤そのものは悪いものではないが、社会への奉仕の精神を忘れてはいけないというのがフォードの意図するところであった。

　さらにフォード社が採用した大量生産方式は、**フォードシステム**（Ford system）と呼ばれ、標準化と移動組み立て法を基本としている。

　①**標準化**……消費者に対して最良の製品を低価格で提供するために、単一のＴ型という車種に限定して生産し（単一製品の原則）、最良の場所で部品を作った後に消費地点で完成品に組み立て（工場の専門化）、部品に互換性をもたせることで生産の経済性を高めつつ、製造の正確性も高め、一つの機械が一つの作業を行うことで時間と労力を節約した。これらの要素を結合して標準化を行い、生産性を飛躍的に高めた。

　②**移動組み立て法**……作業者がほとんど歩かない範囲で作業が完結するように細分化し、その工程を効率的に順序立てて並べ、製品を移動させながら組み立てていく生産方式で、「人を仕事のあるところに行かせるのではなく、人のいるところに仕事をもってくる」ことで、作業における無駄を排除し能率を向上させた。この原則を最も有効に実現しているのがベルトコンベア（図1）であり、大量生

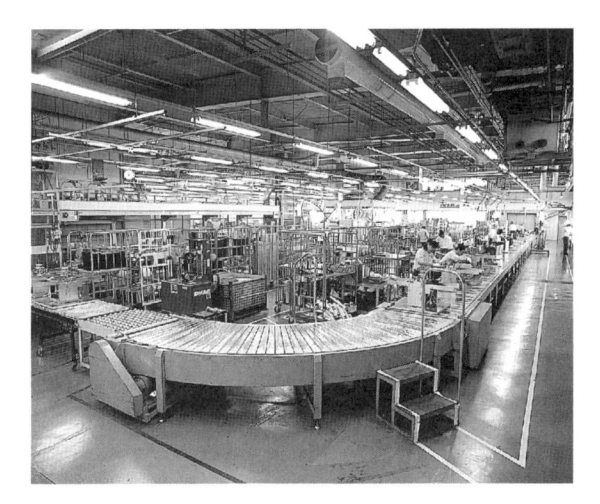

図１　現代のベルトコンベアによる流れ作業イメージ
注：日本ピーマック株式会社（業務用個別空調機メーカー／
　　本社工場：神奈川県厚木市）ご提供による

産を可能にしたフォードシステムがテイラーの科学的管理法を実践的かつ具体的に高度化したといわれるゆえんである。

　フォードシステムによって、自動車は大衆の手に届くものとなった。Ｔ型フォードは発売当初１台当たり 950 ドルだったが、1920 年には 355 ドルにまで下がり、1927 年の販売中止まで累計で約 1500 万台が生産された。この大量生産のなかで、フォードは1914年に最低賃金を日給２ドルから５ドルに引き上げている。現代に置き換えるならば、たとえば大学新卒初任給を１年で 20 万円から 40 万円に引き上げるようなインパクトがあり、普通であればそうした意思決定を下せる経営者はいないだろう。

　日給５ドルは年収なら 1000 ドル以上になり、当時、Ｔ型フォード

を1台購入してもなお労働者の一家が慎ましい生活を送りうる水準であった。当然ながらフォードの工場には就職を希望する労働者が殺到した。しかしその代償は、生産ラインで単調な作業を休みなく続けなければならないという非人間的な機械的作業に耐えることだった。フォード工場の労働者はむしろ通常の工場労働以上に、肉体面・精神面での著しい負担を強いられることになった。このため実際には5ドル支給時期に達する以前に職を辞する未熟練労働者も多かった。しかし退職者が生じても「日給5ドル」に惹かれる新たな就職希望者は後を絶たなかったため、すでに単純労働の膨大な集合体と化していたフォードの生産体制に支障は生じなかった。

　フォードシステムは自動車を「大衆の足」にすることで、交通革命を起こし、さらには他の産業に波及していき、大量の製品が市場に送り出され、それを消費する大量消費社会を誕生させた。しかし、他方では、人間労働の細分化、単純化、反復化、単調化をもたらした結果、人間は高賃金でのみ労働意欲をかきたてる合理的経済人ではなく、感情をもった社会的存在であるという批判がなされるに至った。

3.「経営管理の父」ファヨールの管理過程論

　フランス人のファヨール（Jule Henri Fayol：1841-1925）は、管理とは何かを明らかにし、管理職能の独自性を指摘したことで、経営管理の父と呼ばれている。ファヨールは、テイラーと同じように実務家の立場から管理を理論化した。彼は鉱山技師として入社したコマンボール社の社長を30年間経験するなかで、自身の体験を独自の

経営理論としてまとめながら、管理職能および管理教育の重要性を説き続けた。

　ファヨールは、経営（government）と管理（administration）を区別し、経営を「企業が自由に処分するすべての資産から可能な最大の利益を引き出すように努めながら、企業をその目的へと導くことである」と定義している。そしてその経営のために行われる基本的職能として次の 6 つをあげている。

　①技術的活動（生産・製造・加工）

　②商業的活動（購買・販売・交換）

　③財務的活動（資本の調達と管理）

　④保全的活動（財務と従業員の保護）

　⑤会計的活動（財産目録・貸借対照表・原価・統計等）

　⑥管理的活動（予測・組織・命令・調整・統制）

　ファヨールはこれら 6 つの基本的な職能をあげたうえで、管理職能は他の 5 つの職能（技術的・商業的・財務的・保全的・会計的な各職能）のすべてに及ぶ独自の特性をもっていることから、明確に区別されるべき本質的な機能であるとして、管理職能の独自性を主張した。さらに管理職能は、一部の経営者の独占的特権ではなく、企業にたずさわる全員の担当する職能にも含まれていると考えたのである。他の職能が、原材料や機械、資金など物理的なモノに働きかけるのに対して、管理職能のみが直接、人の管理にかかわる活動であるとして、管理職能は主体的な人を対象にしている点で特徴的といえる。

　彼は管理（administration）とは、計画し、組織し、命令し、調整し、統制するプロセスであると定義している。

①計画……将来起こることを予測し、活動計画を立てること
②組織……物的、社会的な二重の有機体を構築すること
③命令……従業員を機能させること
④調整……すべての活動と努力を結集し団結し調和させること
⑤統制……規則や命令に従って進行するように監視すること

　さらにファヨールは、管理を実行するのに必要な14の管理原則をあげている。

①分業……労働を専門化し、同じ努力であればより多くのものを生産すること

②権限と責任……権限は命令できる権利であり、責任と切り離せない

③規律……優れた管理者の存在。明確な労使協約。適切な制裁による規律の確保

④命令の一元化……従業員は一人の上司からのみ命令を受ける

⑤指揮の一元化……同一目標をもつ活動では指揮者と計画は一つだけ

⑥個人的利益の全体的利益への従属……企業全体の利益は個人の利益よりも優先する

⑦従業員の報酬……公平なもので、熱心な働きを奨励し、労働意欲を高める労働の対価

⑧権限の集中……集権化と分権化は程度の問題であり、上司や部下、企業環境に左右される

⑨階層組織……権限系統の尊重と迅速な意思決定の2つを考慮して調整する

⑩秩序……物的秩序（物の置き場）と社会的秩序（人の地位）は適材適所で行う

⑪公正……従業員に対する好意と正義の結びつきにより公正が実現される

⑫従業員の安定……安心して仕事に打ち込めるように配慮する

⑬創意……自ら計画・実行する創意を奨励し、熱意・活動を引き出す

⑭従業員の団結……従業員の分裂や文書連絡の多用を避け、団結を強化

ファヨールが活躍した当時、管理は個人的な資質によると考えられていた。しかし、ファヨールは管理を、計画し、組織し、命令し、調整し、統制するプロセスとしたことで、管理を法則性をもつ科学的なものであると考えたのである。この視点は、管理過程や管理原則が普遍性をもつという立場に立っていることから、のちにアーウィック、ニューマン、デイル、クーンツなど管理過程学派（management process school）に引き継がれていくことになる。今日、多くの企業において、プラン（Plan：計画）→ドゥ（Do：実行）→チェック（Check：評価）→アクション（Action：調整）というマネジメント・サイクル、すなわちPDCAサイクルが用いられているが、これは管理過程を単純化したものといえる。このようにファヨールの管理論は、今日の経営管理論に大きな影響を与えたのである。

4．経営管理の展開

■経営管理論のはじまり―テイラー・ファヨール・ウェーバーの功績

　これまで述べてきたように、テイラーとファヨールが20世紀のはじめ頃に出現したことで、今日の経営管理論の基礎ができあがった。テイラーは科学的管理法によって大量生産システムに道を拓き、その後、フォードによるフォーディズムに発展し、現代ではトヨタのジャストインタイムシステム（JIT）などに受け継がれている。他方、ファヨールは大規模企業において管理の重要性を明らかにし、組織運営のための普遍的な管理原則を整理した。ファヨールの管理論は、のちにアメリカで管理過程論として、先に述べた管理過程学派に引き継がれ、経営管理論の基本潮流になっていった。こうして、テイラーとファヨールの管理論の出現によって、それまで経験や勘によって行われていた管理が、科学的考察にもとづいた論理と実践の世界に進んだことは、彼らの大きな功績といえる。

　さらに、ここでもう一人、ウェーバー（Max Weber：1864-1920）を取りあげておきたい。ウェーバーは、テイラーやファヨールと同じ時代を生きたドイツの社会科学者であり、彼の主要論文「プロテスタンティズムの倫理と資本主義の精神」からもわかるように、経営学者には分類されない。しかしウェーバーは、アメリカを訪れ、そこで資本主義の精神が近代的大企業を発展させているのを目の当たりにして、大規模企業の専門的管理のために、経済的合理性を実現する手段の必要性を強く感じ、官僚制（bureaucracy）を唱えたので

ある。

ウェーバーは、個人がなぜ命令に従うのかという問題を、支配という考え方から３つに分類した。

①合法的支配……権限の行使が規則と手続きに則って合理的になされる

②伝統的支配……古くからの伝統により権威を与えられた者の正当性

③カリスマ的支配……支配者の人格と超人的・非日常的な能力や資質にもとづく支配

このなかでも、合法的支配を官僚制の支配形態と位置づけ、経済合理性の実践的手段を提供した。このことは、官僚制の特徴によく表れている。ウェーバーの主張する官僚制の特徴は以下の通りである。

①規則と手続き……何を、どのようにすべきか、を公的に定めてそれに準拠して行動するように枠組みを提供する

②専門化と分業……役割を明確に決めて、重複しないようにし、その役割に専念する

③ヒエラルキー……指示を出す人、受ける人という役割の分化。階層構造、つまりヒエラルキーを形成する

④専門的な知識や技術をもった個人の採用……必要な能力をもっている人を採用し、能力のない人を縁故などで採用すべきではない

⑤文書による伝達と記録……ミスや誤解のないように伝達され、どのような経緯で決められたかを保存する。文書主義とも呼ばれる

合理的な管理手段としての官僚制は、一方で、非効率性や組織の硬直化、たとえば規則にないことはできないという対応や、責任回避・自己保身（事なかれ主義）、秘密主義、先例主義による保守的傾向、文書主義の煩雑性、セクショナリズムなど、負の側面もある。社会学者のマートンやグルードナーは、これを官僚制の逆機能と呼んで理論化した。官僚制のもとで、人間は没個性的な機械のように働くことを想定されたが、現実には人間は感情や利害関係をもつ存在であることから逃れられないという点がのちの経営管理論で議論されていくことになる（図2）。

このようにウェーバーの唱えた官僚制は逆機能をもちながら、今日の企業経営、なかでも組織構造に多かれ少なかれ採用されていることから考えても、経営管理論への影響力は大きいといえる。

■メイヨーと人間関係論―新古典理論

1924年、シカゴ近郊にあったアメリカ屈指の電話会社の子会社であるウエスタンエレクトリック社のホーソン工場で、興味深い実験がはじめられた。この実験は照明実験と呼ばれ、照明の強度や方法と作業効率との関係を調査したもので、照明の明るさを変えて作業するグループと、照明の明るさを変えずに作業を行うグループの2つに分けて、それぞれの作業量を測定した。ところが、照明と作業量との間には明確な相関関係を見出すことができなかっただけではなく、ほとんど真っ暗になるまで作業量が落ちなかったのである。

物理的な作業環境や作業条件は、能率を左右する最も大きな要因であり、それらの改善によって生産性は高まると誰もが考えていた。しかし、物理的な労働条件によって生産性が左右されるというテイ

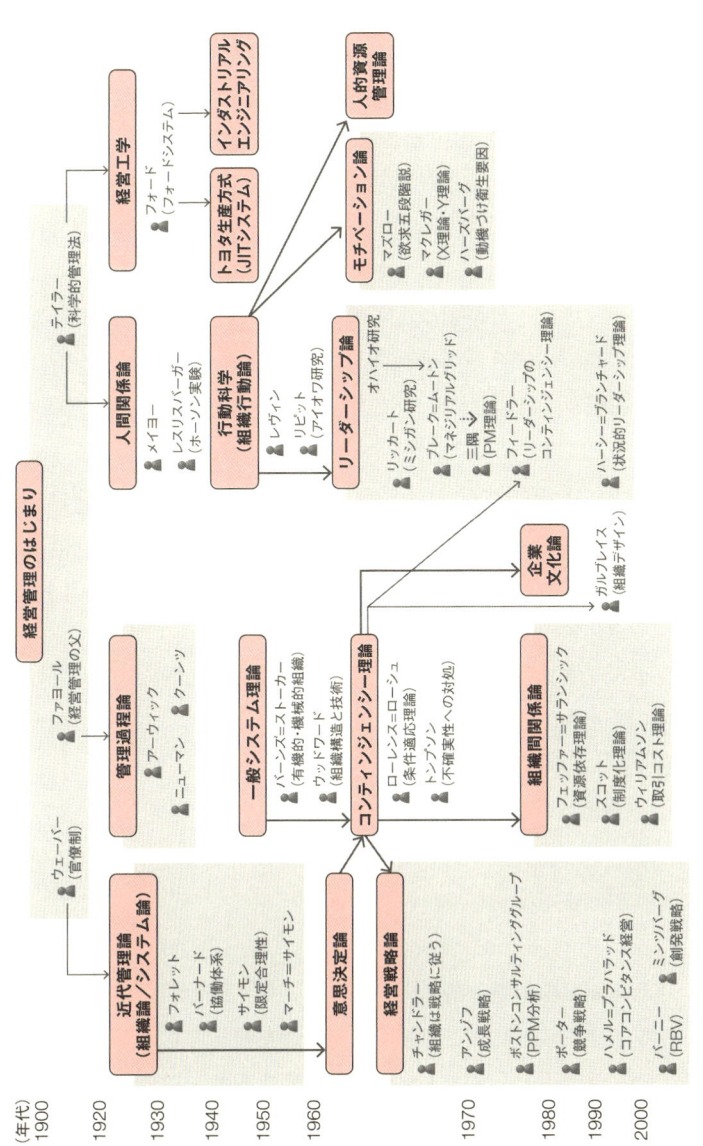

図 2 経営管理論の系統図

ラー的な仮説が否定されるという予期せぬ結果となったのである。この事実を究明するために、**メイヨー**（George Elton Mayo：1880-1949）やレスリスバーガー（Fritz Jules Roethlisberger：1898-1974）らハーバード大学の研究者らによって調査が行われることになった。この一連の実験は、**ホーソン実験**（Hawthorne experiments）と呼ばれ、1932 年まで行われた。

メイヨーらが行った調査として有名なのは、①リレー（継電器）組み立て試験室での調査、②面接調査、③バンク（差込式電話交換台）配線作業観察室での調査の３つである。メイヨーはホーソン実験の結果を踏まえて３つのことを明らかにした。

①人間は、経済的な成果よりも社会的な成果を求める。労働者の働きがいを刺激する集団の**モラール**（morale）、すなわちやるべき仕事に前向きに取り組むときの誇りや責任感、好意的人間関係から生まれる協働意欲こそが高い生産性を維持する。

②合理的理由よりも感情的理由に左右される。人間の行動は感情とは切り離せないので、その人を取り巻く全体的な状況のなかで理解すべき。

③**公式組織**よりも**非公式組織**の影響を受けやすい。非公式組織とは、職場内での個人的な人間関係から生じる小集団のこと。この非公式組織が重要な役割を果たしている。

ホーソン実験の結果を踏まえて、メイヨーは経営学における人間観を一変させた。それまでの科学的管理法が前提としてきた合理的に行動する**経済人**としての人間ではなく、連帯的、献身的、感情的に行動する**社会人**であることを主張し、人間の感情や職場での非公

式な人間関係に焦点を当てた**人間関係論**またはヒューマンリレーションズセオリー（human relations theory）研究の道を拓いたのである。その中心的な問題は、管理者が意識的に労働者の自発的な協働を維持する人間関係を構築することによって、職場の生産性を向上させるというものであった。その後、メイヨーの後継者であるレスリスバーガーらによって、この考え方が1930年代に理論化され、具体的な管理技法として確立されることになったのである。

　こうして人間関係論は、人間性重視の管理として広く普及し、今日の人的資源管理にも部分的に受け継がれている。日本ではそれが手厚い福利厚生施策にも結びついている。しかし、人間関係論の最大の問題点は、**公式組織よりも非公式組織を重視し、従業員に過度な人間的配慮をすることが本当の管理なのか疑わしい**ということにある。人間関係の良さがモラールの高さに直結するとは必ずしもいえず、さらには生産性に結びつくことも客観的に証明されないといった指摘から、メイヨーの主張はのちに甘い管理であると批判されるに至ったのである。

■近代管理論の幕開け—バーナード革命とサイモンの意思決定論

１）マネジメントの予言者—フォレット

　これまで述べてきた科学的管理と人間関係論の理論的中間地点に立つのが、アメリカ人の**フォレット**（Mary Parker Follett：1868-1933）である。経営学の巨人ドラッカーはフォレットのことを「マネジメントの予言者」（prophet）と評価している。それは、彼女がマネジメントを単なる人間操作の方法ではなく、現代社会を決定づけるきわめて重要な社会的機能であることを、誰よりも早く予見した研究者

だったからである。

　フォレットによれば、組織のあらゆるレベルで生じる対立、すなわち**コンフリクト**（conflict）は、通常であれば回避されるべきものであるが、彼女は意見の相違はむしろ健康の証しであり、新しい可能性を生み出す建設的なものとしてとらえたのである。そしてこの意見の相違を解決するための手段として**統合**（integration）を提案した。一方の意見を押しつける「抑圧」（支配）や自分の意見を控える「妥協」といった問題解決と比較して、「統合」は両者の意見を新しい別の次元へと導く創造的解決方法なのである。

　そもそも意見の対立が起こるのは、もともと相違があるからであり、従来の研究者たちは意見の対立を調整する仕組みとして、ウェーバー以来の「権限」に調整の役割を求めてきた。つまり階層の上位にいる上司が、その地位にもとづいて指示・命令を出せるもの、という考え方を支持してきた。しかしフォレットによれば、調整を職位上の権限ではなく、**状況の法則**（the law of the situation）によって行うと主張したのである。つまり、組織における権限は機能とともに存在するものであり、職位上、上位にいる人間が下位の人間を管理するのではなく、状況という客観的な事実によって管理を行うことで、働く人々に主体性を取り戻し、その人間性を回復させようとしたのである。あらゆる対立を調整し、統合を実現することによって「統一体としての組織」（unity）を作り出すことが、経営の目指すべきものであるというフォレットの主張は、近代組織論の道を開いたバーナードなどに色濃く影響を与えている。

２）バーナードの登場

　バーナード（Chester Irving Barnard：1886-1961）は、当時のアメリカ

を代表する電話会社、AT & T の子会社であるニュージャージーベル社の社長として経営にたずさわった経験をもとに、1938 年に**『経営者の役割』**（*The Functions of the Executive*）を出版した。この書物は、おそらく経営学の分野で最も大きな影響力のある著作といってもよいだろう。

　『経営者の役割』が出版された 1930 年代は、世界恐慌が収束に向かいつつあったものの、社会不安がさまざまな形で噴出し続けた時代だった。労使間の根強い不信、紛争の常態化、知識人たちは制度に対して懐疑の目を向け、批判を強めていた。既成の企業組織はこうした懐疑の目と批判にまともにさらされ、企業組織は存在の「正当性」あるいは「存在意義」さえ問題にされた。経営者はこの事態に対応せざるをえなく、そのための理論武装を必要としていた。

　しかし当時のアメリカには理論武装に必要な組織に関する著作はほとんどなかった。のみならず、ほとんどの企業組織を単純に利益獲得の手段としてきた経営者の見方がなかば自明視されており、大恐慌を背景に高まってきた懐疑や批判に対して、企業組織に対する正当性や存在意義を明確に説明できる理論は皆無だった。当時、電話会社の最高経営者として、バーナードが直面したのはこうした事態であった。このような状況下で、バーナードは組織について、経営者としての経験をもとに、自ら『経営者の役割』を書いたのである。

　したがって、バーナード理論において、たとえば作業効率や生産性、あるいは監督方法等、それ以前の研究で盛んに論じられた問題は、議論の対象とされていない。バーナードの関心は、理論武装上、組織の本質を明らかにし、そのなかでも専門化された職能である経

営者の役割を示そうとしたのである。

　バーナードは、**公式組織**を「2人以上の人々の意識的に調整された活動や諸力の体系」ととらえ、そのような組織では協働体系（cooperative system）が機能していると考えた。体系とはシステム（system）のことを指し、バーナードは組織を「物的・生物的・個人的・社会的構成要素の複合体」と表現し、こうした要素を個別に扱ってきた伝統的な管理論とは異なる新しい視点、すなわちシステムとしてとらえた点で画期的であった。

　これまでの古典理論は、内部環境を外部環境とは切り離した**クローズドシステム**（閉鎖体系）として理論を展開してきたが、バーナードの登場によって経営学の関心が外部環境への適応に移っていった点でも興味深い。バーナードは、組織が置かれている外部環境に適応しながら内部環境との間でバランスをとっていくために、組織を**オープンシステム**（開放体系）ととらえたのである。内部環境と外部環境を均衡させようとしたバーナードの考え方は、1960年代に環境変化に適応するための経営戦略論が注目されるようになるが、そのルーツの一つにもなっている。

　バーナードは、協働体系としての公式組織に必要な3要素として、①**共通目的**、②**伝達（コミュニケーション）**、③**貢献意欲**を定めた。つまり、共通目的を明確にして、コミュニケーションをとることで組織の風通しをよくして、貢献意欲（やる気）を引き出すことが重要であると指摘し、これら3要素が同時に成立することが組織の存続に必要不可欠と述べている。そのためにも組織は、対外的にも対内的にも均衡を保つ必要があると考えた。これを組織均衡論（theory of organizational equilibrium）と呼んだ。

　対外的均衡とは、組織と外部環境との関係で、市場の変化や技術動向、社会環境に組織がうまく適応していけるかどうかという問題である。対外的均衡を維持するためには、**有効性**（effectiveness：共通目的を達成すること）と**能率**（efficiency：個人的な動機の満足の意味で、一般的な能率という意味とは異なる）という２つの条件を満たす必要があると考えた。また対内的均衡とは、組織内部で働くメンバーとの関係で、個人の貢献意欲を引き出せるかどうかの問題である。ここでは、**誘因**（inducement：組織が個人の貢献を引き出すために提供するもの、賃金や名誉など）と**貢献**（contribution：個人が組織に提供する価値のこと）がカギとなる。

　さらにバーナードは、組織の存続にとって、経営者の**道徳的リーダーシップ**（moral leadership）の重要性を強調し、組織のメンバーが積極的に従う組織道徳の創造こそ、最高のリーダーシップという考えを示した。この点において、組織文化論や企業の社会的責任論（CSR：Corporate Social Responsibility）にもつながる考え方といえる（表１）。

表１　古典理論・新古典理論・バーナード理論の比較

	古典理論	新古典理論	バーナード理論
代表的学派	科学的管理法 管理過程論	人間関係論	組織管理論
人間観	経済人	社会人	全人仮説
動機づけ	賃金（経済的な刺激）	やる気（モラールの向上）	誘因と貢献
経営目標	生産性向上	社会的満足	外部と内部の均衡

注：井原久光『テキスト経営学（第３版）』ミネルヴァ書房、2008年、190ページをもとに作成

3）サイモンの意思決定論

　バーナードの考え方を継承しながら、独自の経営論を展開したのが、**サイモン**（Herbert Alexander Simon：1916-2001）である。アメリカ生まれのサイモンは 1978 年にノーベル経済学賞を受賞した社会科学者であり、彼の主たるテーマは、組織における人間の**意思決定**（decision making）の過程と合理性の限界についてであった。主著『経営行動』（*Administrative Behavior*）は 1947 年に出版され、サイモンの意思決定論は、今日のコンピュータシミュレーションなど情報処理科学や人工知能研究にも影響を与えることになる。

　サイモンはバーナードが到達した点から出発して、意思決定の過程そのものを分析し、その合理性と限界点を解明することで、管理論のさらなる展開を目指した。サイモンは意思決定を、「何らかの前提から結論を導き出す過程」、すなわち問題解決のプロセスととらえた。この結論を導き出すための前提を**意思決定前提**として、善悪や倫理・行為の目的にかかわる**価値前提**（value premises）と、事実の認識や目的達成の手段にかかわる**事実前提**（factual premises）の 2 つに大別した。そのうえで、後者の事実前提から導かれる意思決定を経営の主たる目的として取りあげた。サイモンは、価値判断にかかわる部分を排除して、検証可能な事実と論理性を重視する論理実証主義（logical positivism）の立場に立って、意思決定の合理性を追求するとともに、そこに明確な限界があるとして、**限定（制約）された合理性**（bounded rationality）の概念を論じている。

　問題解決のために複数の代替案のなかから最適な解を選択するとき、ここでいう最適というのは意思決定者の主観的な評価によってであり、客観的に最適な解とはいえない。人間の意思決定である以

表２　経済人モデルと経営人モデルの比較

人間モデル	経済人モデル	経営人モデル
情報収集力	すべての代替案をもっている	代替案の一部しかもちえない
結果予測力	選択した代替案の結果がすべてわかっている	結果は部分的にしかわからない
意思決定	最適解・最善の代替案を選択できる	満足解・満足しうる行動を選択する
前　提	事実前提	価値前提
合理性	客観的合理性 ＝完全な合理性を追求	主観的合理性 ＝限定された合理性を追求

注：井原久光『テキスト経営学（第３版）』ミネルヴァ書房、2008 年、159 ページをもとに作成

上、完全に正しい合理的選択は不可能である。この意味で、限定された合理性しかもたない人間にとって最も望ましい選択をしているにすぎず、これを満足化の原則と呼んでいる。

　そもそもサイモンが想定した人間観は、**経営人**（もしくは管理人：administrative man）モデルであり、それは自分にとっての満足基準で意思決定を行うことを想定している。しかし人間の意思決定能力には限界があり、**限定（制約）された合理性**のなかで、できるだけ合理的な意思決定をしようとする人間の特質を示している。これに対して、経済学が前提とする**経済人**モデルでは、人間は最適基準にもとづいて行動するとしている（表2）。これはあらゆる選択肢のすべての情報をもち、どの選択肢が最も好ましいかを完全に合理的に意思決定することができるという人間モデルである。経済人モデルと経営人モデルを比較してみると、経営人モデルの方が、現実の人間行動に近いことがわかるだろう（図3）。

　サイモン理論の重要な側面の一つは、意思決定の合理性を追求し

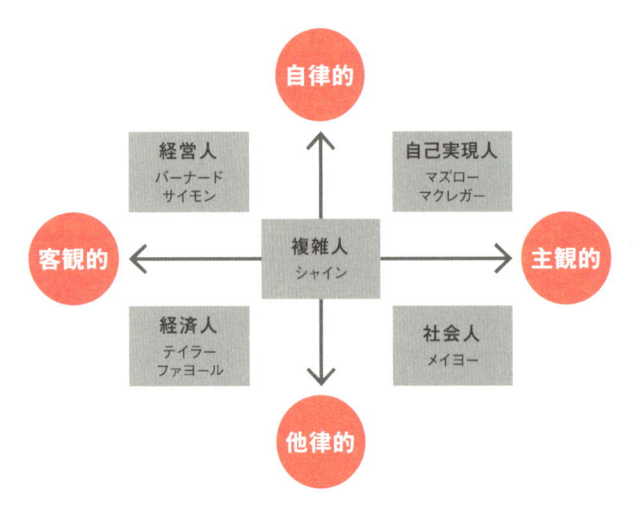

図3　人間モデルの分類
注1：「自己実現人」については第8章「モチベーション」で詳し
　　く説明
注2：重光直之・片岡裕司・小森谷浩志『週イチ・30分の習慣で
　　よみがえる職場』日本経済新聞出版社、2017年、160ペー
　　ジより作成

ながら、そこに明確な限界があることを指摘し、これを克服する手
段として組織を論じている点にある。こうしたサイモンの視点は、
マーチ（James Gardner March：1928-2018）との共著『オーガニゼー
ションズ』（*Organizations*）においてさらに展開されていく。サイモ
ンらはこの著書のなかで「干し草の中から先の一番とがった針を探
し出すのではなく、縫えればよい程度の鋭さをもった針を探し出そ
うとするのである」という有名なフレーズを残している。
　こうしてサイモンの意思決定論では、組織が環境変化のなかで存
続を図るための意思決定が理論化されたが、ここでの環境をどのよ

うに認識し、有効な意思決定につなげるかという問題意識は、1970年代以降、**コンティンジェンシー理論**として展開されていく。さらには、そこから組織文化論や経営戦略論などにも影響を与え、サイモンの唱えた意思決定の科学は、経営における組織と管理の理論展開に大きな影響を与えたのである。

■環境を意識した経営管理論の登場—コンティンジェンシー理論

1960年代に入り、古典理論や新古典理論が追求してきたように、どのような環境下でも同じ組織構造をもち、同じ管理原則が通用するという普遍的な管理理論の追求に疑問の声があがるようになっていった。同時に、諸要素が相互に関係し、環境とのやり取りのなかで複合関係的に組み立てられる仕組みの総体として考える**一般システム理論**（general system theory）が学問の方法論として広く影響を与えるようになった。

イギリスでは、バーンズ＝ストーカー（Tom Burns：1913-2001 and George Macpherson Stalker：1925-）がスコットランドでエレクトロニクス分野に事業転換を図った伝統的織物業者を調べた。そのなかで市場や技術変化の激しい業界では、機械的組織よりも有機的組織が有効であるということを1961年に発表した。

機械的組織も有機的組織も合理的形態の組織であるが、**機械的組織**は官僚制の特徴をもつ組織で、ヒエラルキーにもとづく統制が働き、権限や伝達のピラミッド構造のなかで重要な情報は組織上部層に集中し、職務は細分化され、上司やマニュアルによって詳細に規定される。一方の**有機的組織**は、組織メンバーのヨコのつながりによって職務が調整されるとともに、さまざまな専門能力や知識をも

つメンバーのコミュニケーションが強調される。安定した経営環境下では機械的組織が有効となり、市場や技術の変化が速い環境下では素早い革新が必要となるので、柔軟な構造をもつ有機的組織が有効であると論じた。

また、ウッドワード（Joan Woodward：1916–1971）は、サウスエセックス地域の企業調査を行い、古典理論が提唱する管理原則を積極的に採用している企業の業績が必ずしもよいとは限らないこと、そして好業績の企業の半数以上が柔軟な対応をする有機的組織だったことを明らかにした。そして彼女は、技術と組織との関連に着目して、技術を３つにレベル分けして、それぞれが機械的組織と有機的組織のいずれに適合的かを見出したのである。

イギリスのバーンズ＝ストーカーやウッドワードの研究を継承し、アメリカではハーバード大学のローレンス＝ローシュ（Paul Roger Lawrence：1922–2011 and Jay William Lorsch：1932–）が 1967 年に『組織の条件適応理論』（*Organization and Environment: Managing Differentiation and Integration*）を著し、そのなかで組織が直面する条件によって適合的な管理は変わるというコンティンジェンシー理論を提唱した。彼らは企業の各部門に着目し、同じ企業内でも部門によって管理方法やリーダーシップスタイルが異なることや、組織の分化の程度によってそれを調整し統合する役割が管理の有効性を決めるということを実証的に提示した。

そもそもコンティンジェンシー（contingency）とは、偶然に起こる外部要因のことを指し、経営学においては組織に影響を与える条件を指す用語として用いられている。コンティンジェンシーは直訳すると偶発性や偶然を意味するが、コンティンジェンシー理論は日

本語では環境適応理論や条件適応理論などと呼ばれている。

　ローレンス＝ローシュと同じ頃、1967年に『オーガニゼーション・イン・アクション』（*Organizations in Action*）を著した**トンプソン**（James David Thompson：1920–1973）もその著書のなかで不確実性への対処の視点からコンティンジェンシー理論を唱えた。トンプソンは、「不確実性に対処することが管理プロセスの本質」と考え、組織の内部と外部にある不確実性に対処する一つの手段として対環境戦略をあげている。そのなかでトンプソンが重視しているのは組織の境界の設定である。組織は完全に自立的ではありえない。ゆえに相互依存性による組織構造のデザインを、環境の不確実性を除去あるいは減少するための手段として位置づけたのである。こうして彼は、組織を構造化するための唯一最善の方法は存在しないというコンティンジェンシー理論の命題を導き出したのである。トンプソンのこうした考え方は、のちの**ガルブレイス**（Jay R. Galbraith：1939–2014）の「組織デザイン」の考え方にも大きな影響を与えたといわれている。

　コンティンジェンシー理論は1970年代に入ってから大きく飛躍するが、その特徴は、①唯一最善の組織や唯一万能の管理システムは存在しない、②組織の有効性は環境条件との適合性に依存する、というものである。あらゆる組織の管理に当てはまる一般理論はあるはずもなく、また環境に組織構造や管理システムが適合（fit）あるいは調和（congruence）していれば組織の有効性が高まる、と考えられていた。

　しかし、環境条件の多様性が取りあげられるにつれ、コンティンジェンシー理論の限界点が明らかにされた。最大の問題点は、組織は環境に受動的に適合するという環境決定論にあった。つまり、企

業を受動的に見すぎるあまり、環境に対する企業の主体的な働きかけ、たとえば創造活動や革新機能を見過ごしているという点である。企業は主体的に環境に働きかけて、環境を変化させながら能動的に適応していることを、コンティンジェンシー理論はうまく説明できなかったのである。こうした理論の限界を克服するべく、1980年代以降、ポスト・コンティンジェンシー理論研究が展開されていくのである。

■その後の経営管理論の展開

コンティンジェンシー理論以降、経営管理論は企業をオープンシステムととらえ、環境とのやり取りのなかで経営の主体性を考察していくことに注目が集まった。たとえば、利害関係者すなわちステイクホルダーを環境ととらえて分析する組織間関係論は、フェッファー（Jeffrey Pfeffer：1946–）＝サランシック（Gerald R. Salancik：1943–1996）による資源依存パースペクティブや、スコット（William Richard Scott：1932–）らの制度化パースペクティブ、コース（Ronald Harry Coase：1910–2013）やウィリアムソン（Oliver Eaton Williamson：1932–）などの取引コストパースペクティブへと展開されることになる。

また、環境適応の仕組みである経営戦略論は、企業の中核能力（コア・コンピタンス：core competence）の視点から再構築されたり、企業文化論やリーダーシップ論、組織進化論、組織学習理論など、経営組織論として経営主体の論理を明らかにする理論展開へと進んでいくことになる。こうして経営管理論へのアプローチは、1961年にクーンツ（Harold Koontz：1909–1984）がマネジメントセオリージャン

グル（経営管理論のジャングル：management theory jungle）と名づけた統一理論のない状態を生み出したのである。しかし、こうした状況を経営学の好機ととらえるならば、経営管理論は隣接する諸科学を巻き込みながら、多彩なアプローチで理論の範囲を広げ、内容を豊かにし続けているといえるだろう。

第3章

経営組織のデザイン

　経営管理の父、ファヨールが「管理とは、計画し、組織し、命令し、調整し、統制するプロセス」と経営管理を定義したなかにもあるように、企業組織は計画を立てたのち、それを実現するために組織構造をデザイン（設計）する。いいかえると、組織のデザインとは、できるだけ合理的に計画を達成するための手段として、仕事の役割分担を行い、そのなかで指示命令系統を明確化することを指している。

　この章では、まず組織構造を設計する際の基準となる管理原則を整理していく。そのうえで企業組織に見られる基本的な組織デザインとして「職能別組織」と「事業部制組織」を取りあげ、それぞれの長所と短所を比較しながら理解したうえで、その他の組織構造のバリエーションを見ていく。

　組織構造を学習すると、経営組織は集権化と分権化の間で揺れ動いていることが理解されるだろう。分権化によって部門間の垣根が生じてしまう弊害から集権化を検討したり、反対に集権化によって現場の意見が反映されなくなる弊害を回避するために分権化したり、といったことは想像に難くない。こうした問題を組織構造の選択によって解決しようとする経営組織の取り組みを見ながら、チャンドラーが述べた「組織構造は戦略に従う」の意図を、組織構造のデザインと経営戦略論との結びつきを意識しながら理解していこう。

1．組織デザインの基本的な考え方

　経営管理の父・**ファヨール**が「管理（administration）とは、計画し、組織し、命令し、調整し、統制するプロセスである」と定義しているなかにもあるように、計画設定の後に行われるのが組織構造の設計、すなわち組織のデザインである。ここでいう組織とは、**バーナード**が定義するように、特定の目的達成のための意識的、合理的に設計された職務の体系、と説明できる。そのうえで組織のデザインとは計画達成のための手段として、仕事の役割分担や協働関係を表す組織構造を設計するという管理職能のことを意味している。

　バーナードは組織成立の基本的要件として、①共通目的（common purpose）、②コミュニケーション（communication）、③貢献意欲（willingness to serve）の３つをあげている。お互いに意思疎通が可能な複数の人々が、共通の目的を達成しようとして行動する意欲をもつときに、組織が形成される。こうした関係を維持するために、役割分担がなされ、そのなかでリーダーを選んで指示系統を明確化し、できるだけ効率的に目的を達成しようとする。こうして成立した役割分担と協働の秩序形成こそが組織と呼ばれるものとなる。

　しかし経営組織では、自然発生的な組織の成立を待って活動をはじめるわけではない。あらかじめ人々の合理的、協働的な活動を期待して、事前に組織の枠組みを設定しておかなければならない。これは４つの段階で行われる。

　第一段階……職能（function）の分割。計画に従って遂行すべき仕事、すなわち職能が導き出される。その職能はメンバーが担当する

仕事、すなわち職務（job）に分割される。職能は、目的に応じて概念的・抽象的にとらえた仕事であり、職務は実際の現場における具体的な仕事といえる。この段階は、計画達成のための仕事を、メンバーが分担できる内容をもった仕事に分割するともいえる段階である。

　第二段階……職務明確化の段階。分割された職務がどのような内容で、どの範囲に及ぶのか、他の職務との関係によって誰に職位（position）を与えるか、つまり誰が何について決めることができるのかという問題について、職務に対する権限（authority）と責任（responsibility）を規定することで明確にする。

　第三段階……職位のグループを作る部門化の段階。仕事のまとまりを作るために特定の基準にもとづいてグループ化される。それは組織の単位となる部門（unit）を意味している。

　第四段階……職位グループの階層化の段階。関連する職位群を組み合わせ、また積み上げて全体的な階層構造を構成する。

　組織のデザインは、職能分割・職務の明確化・部門化・階層化の4つの過程を経て行われる。前者の2つの段階は職能分化の過程を、後者の2つの段階は組織統合の過程を意味している。

2．組織管理の原則

　合理的な職務体系としての経営組織をデザインするためには、あらゆる組織に共通する普遍的な管理原則が必要となる。それは、組織を設計する際に依拠すべき基準となるからである。この管理原則を定式化したのが**ファヨール**である。ファヨールは14の管理原則

を整理したことでも有名であり、「経営管理の父」と呼ばれることからもわかるように、ファヨールの経営学への貢献は大きい。ここではファヨールの14の管理原則を土台として、のちの研究者らに取りあげられることが多い原則のなかでも、組織デザインに密接に関連する管理原則を見ていこう。

①専門化の原則―分業

分業、すなわち専門化された部門への分化は、多くの組織で一般的である。たとえば、製造・営業・研究開発・人事・財務といった職能によって専門分化したものから、現場の作業レベルの役割分担など、いわゆる仕事の割り振りのことを指す。組織が部門化するときの基準は４つある。(1)目的別の部門化、(2)プロセス別の部門化、(3)顧客にもとづく部門化、(4)場所による部門化、である。

②階層の原則―権限と責任

権限と責任は、階層のトップから現場の従業員へ上から下へと流れる。ここでは特に上司と部下によるタテの命令の連鎖が強調される。とはいえ組織の規模が拡大するにつれ、意思決定を下位者に権限委譲していかなければ、上司は機能マヒに陥る危険性がある。そのため、権限を委譲する必要が出てくるが、部下にどこまで任せることができるのかを見極めることが重要である。

しかし一方で、ファヨール自身も認めているように、組織においてはタテの命令構造だけではなく水平的なコミュニケーションも必要となる。このヨコのつながりを重視して、ファヨールは組織内の情報伝達の効率性を高めるために階層組織における「架け橋」の概念を提唱した（図4）。

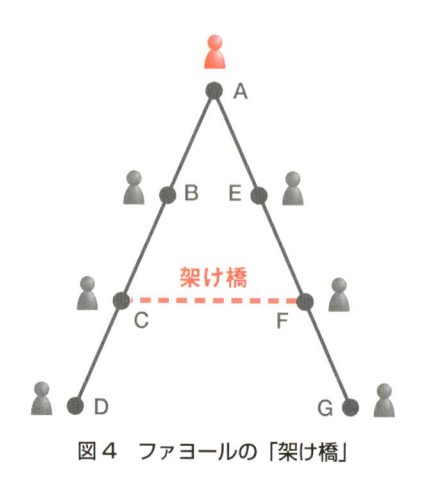

図4 ファヨールの「架け橋」

③命令の一元化原則

　組織のメンバーはただ一人の上司からのみ命令を受けるべきであって、2人以上の上司から同時に命令を受けるべきではないという原則である。しかし組織が大きくなるほど、命令はさまざまな方向から来るので、現場に混乱が生じることになる。

④指揮の一元化原則

　指揮の一元化とは、「同一の目的を目指す諸活動の全体について、唯一の責任者と唯一の計画が存在する」とファヨールが述べているように、組織では一つの事業に責任者は一人でなければならないという原則である。この原則では、責任者が2人以上いる状況を避けなければならないことを強調しており、先にあげた命令の一元化原則とは区別しておきたい。

⑤例外の原則

　ルーティンで反復的な決定は下位に委譲し、経営者は重要で非反

復的な例外事項に注力すべきであるという原則である。この原則では、何が例外事項かは状況に依存するが、権限委譲と関連が深い。

⑥統制範囲の原則—階層組織

一人の上司が統制できる部下の数には限りがある。このように組織において、一人の上司が直接指揮する部下の数を制限することを規定した考え方に、**統制の幅**（span of control）の原則がある。当然、課業によって異なるが、一人の個人が統制できる人数は、経験的には5〜6人が適切といわれている。

この統制範囲は、階層の数と密接なかかわりがある。統制範囲が広く、多くの部下を統制できる場合には、階層数の少ないフラットな組織が実現する。反対に、統制範囲が狭い場合、組織内に数多くの小集団が形成され、これらのリーダーを統制する上司が必要になり、階層数が多くなる。

⑦ラインアンドスタッフ組織

経営活動を継続していくうえで、ライン職能とスタッフ職能という2つの区分が存在する。**ライン職能**とは、企業経営における基本的職能であり、経営活動を直接的に担う職能として規定される。製造業を例にとれば、調達・生産・販売といった、事業活動に欠くことのできない職能をライン職能という。一方、**スタッフ職能**は、ラインの管理職能を側面的に促進するという職能である。ライン職能が経営目的の達成に直接関連しているのに対して、スタッフ職能はラインの管理職能をサポートし、助言することを通じて、間接的に経営目的の達成に寄与する。たとえば、総務や人事といった職能がスタッフ職能と呼ばれるものである。

ラインアンドスタッフ組織では、経営活動の基本的職能と、基本

的職能から分化した専門的職能とを併存させた組織形態であり、一元的命令系統をもち垂直的分化によって階層的に管理されるライン職能と、ラインの管理職能の延長線上にこれを補佐するスタッフ職能とが位置づけられる。こうしてできあがるラインアンドスタッフ組織は、今日の企業組織の基本形となっている。

3．職能別組織と事業部制組織

■職能別組織—企業組織デザインの基本形

　管理原則のなかで専門化の原則にもあげたように、分業、すなわち専門化された部門に分けることは、職務を効率よく遂行するうえで必要なことである。たとえば、多くの企業では製造・販売・研究開発・人事・総務・財務など、職能の違いによって部門化して作られる組織を職能別組織（functionalized organization）という。職能別組織は、経営者の下にそれぞれの職能グループが配置され、それぞれに割り当てられた職務を遂行する組織形態であり、トップを頂点とするピラミッド型の集権的な組織構造となっている（図5）。

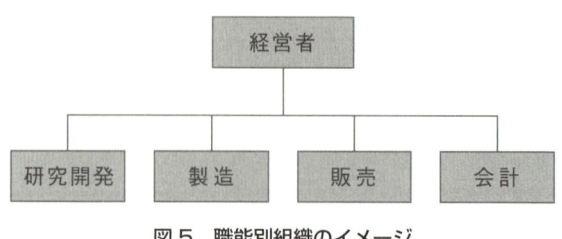

図5　職能別組織のイメージ

　職能別組織のメリットは、①各職能が専門性の異なる部門を編成しているので、経営資源の重複や業務の重複がなく効率的な組織であること、②各部門で職能を中心とした社員教育がなされるので、部門固有の知識や技能を習得し、職能に特化した**スペシャリスト**を育成することができることがあげられる。

　反対にデメリットは、①ピラミッド型の集権的な組織ゆえにトップの処理する情報の負荷が大きく、経営環境の変化に迅速に対応した意思決定が困難になること、②職能に特化した人材育成が反対に組織全体の視点に立って判断する**ゼネラリスト**の育成に不向きとなることがあげられる。

　しかしながら職能別組織では、専門職能については権限を一部委譲されており、各機能部門が権限と責任をもっている。このことは、現場での意思決定をしやすくする反面、トップマネジメントが各職能の内実に疎くなり、機能低下が起きやすくなる。それを逆手にとって各機能部門が自らの利益を優先し、同じ企業組織内でありながら部門間対立が起きるといった**組織の垣根**が顕在化してしまうのである。こうした事態を抑制するために生み出されたのが、事業部制組織である。

■事業部制組織の登場

　事業部制組織とは、扱う製品やサービスごとに部門化された組織構造である。製品やサービス、地域、顧客、市場ごとに利益責任をもち、それぞれの事業部が自前で製品やサービスを開発・製造から販売まで行う（図6）。事業部制をとる組織で、ライン職能のみならず研究開発や財務・企画などスタッフ職能を有している事業部から

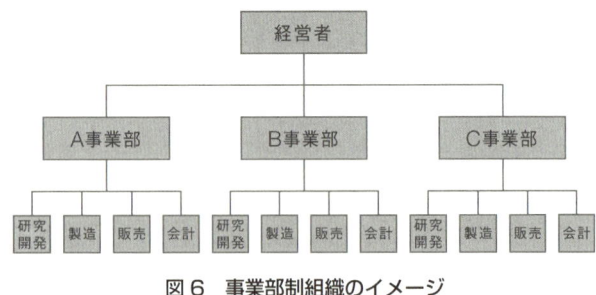

図6　事業部制組織のイメージ

なる事業部制組織では、自主的に事業を営むことができるため、経営者から見ると、いわば投資先つまり**インベストメントセンター**として、あたかも独立した子会社のような機能を果たす。一方、経営者に権限が集中する事業部制組織では、事業部内にスタッフ職能をもたず、製造・販売等のライン職能に特化した**プロフィットセンター**として、実績に応じて経営者から予算配分がなされることもある。いずれの性格をもつ事業部であれ、経営者は各事業部の事業内容を評価し、その優先順位にもとづいて資金を配分する。このとき、配分した資金がどれだけ利益を生み出しているかを示す指標に**投資収益率**（ROI：Return On Investment）などが使われる。

　事業部制組織のメリットは、①経営者に意思決定が集中する職能別組織に比べて、迅速な意思決定が可能になること。②分権的な組織構造である事業部制組織はそれぞれの事業部が自己完結しているので、事業部間に競争意識をもたらすことができる。各事業部はより採算性の高い事業を、予算獲得競争のなかで計画、実行するようになり、こうした競争が組織活性化のみならず、企業全体の利益向上につながるのである。さらに、③各事業部が利益単位となること

から、製造から販売、研究開発や技術などの職能を総合的に理解できる**ゼネラリスト**を育成しやすいことがあげられる。

　一方、デメリットとしては、①分権化された各事業部がそれぞれ独立した職能をもつために経営資源や業務の重複が起こってしまう。②各事業部が利益単位として独立し、他の事業部との競争が激化すると、事業部間での調整が難航するばかりか、同じ企業内の事業部であるにもかかわらず組織の垣根が顕在化し、いわゆる**セクショナリズム**（所属部署中心主義）が起きてしまう。たとえば、ある事業部が開発した技術情報を他の事業部と共有しようとしないといったことや、経営者から見ると同じような研究開発を複数の事業部で行い重複投資になっているといったことがあげられる。さらに③各事業部が予算獲得のために採算性の高い事業を率先して行うようになるために、目先の利益を追求するあまり、企業全体として長期的な視点に立った経営を展開できなくなることがあげられる。

　事業部制組織は上述したようなデメリットをもっている反面、今日、多くの企業組織で採用されていることも事実である。このことは、事業部制組織が他の組織構造に比べて優位性をもっていることを示しているともいえる。企業内に存在する関連事業部同士が陥りやすい同質的な競争の弊害や、複数の事業部にまたがる研究開発の重複に関する問題などを解消するために、しばしば**事業本部制**が導入される。

　事業本部制は、関連性の高いいくつかの事業部をグループ化することで事業部による経営資源や業務の重複を調整しようとするものである。事業本部制では、関連が深い複数事業部を統括するとともに、それらの事業に関連し全社共通で必要となる研究開発部門を

事業本部の直下に置く形態をとる。事業本部制を統括する事業本部長によるコントロールが機能し、事業本部への分権化が進むと、反対にこの事業本部長が企業における最高経営会議と事業部側との板挟みになるという問題が起き、現実には事業本部の利益代表者の立場に傾きがちになるといわれている。

4．組織構造のバリエーション

　組織構造の設計を考えるときは、集権と分権との間で揺れ動く。分権化によって組織の垣根が生じてしまう弊害から集権化を検討したり、反対に集権化によって意思決定に時間がかかる弊害を回避するために分権化する、といったことはよくあることである。企業は成長し規模を拡大するにつれ、多かれ少なかれ分権化を進めることになる。そのときに発生する組織の垣根を低くするためには、ファヨールが主張したように架け橋を使ってヨコの連携をとるようにすることが求められる。ここでは、そうしたヨコの連携を意識した組織デザインを紹介していこう。

■マトリックス組織

　職能別組織や事業部制組織のように単一の命令系統によって編成されるのではなく、これらを掛け合わせて複数の命令系統から編成される組織のことをマトリックス組織と呼ぶ。この組織形態は、1960年代にNASA（アメリカ航空宇宙局）がアポロ計画に参画した航空宇宙産業の企業に導入を推奨したプロダクトマネジャー制に由来する。これはプロジェクトごとにマネジャーを置くもので、従来型

の職能別組織にプロジェクトチームが横串を刺すような形で編成された組織であった。それが恒常化したものがマトリックス組織である。

　製品やサービス、地域などによって編成された事業部制組織や、プロジェクトとして発足した組織に関する命令系統と、職能に関する命令系統の2つを重ね合わせた組織構造を形成する（図7）。たとえば、一人の社員が販売職の一員でありながら、同時に家電事業部の一員でもあるといったように、所属する双方の部門の視点から利害を考える立場に置かれることになる。ゆえに彼ら／彼女らは双方の上司に報告義務を負うことになり、いいかえると2人のボスに仕えることになる。

　このように、マトリックス組織は、一人の社員が複数の命令系統の流れを汲み、双方から入ってくる情報を駆使して部門間の調整を行うことで全社的な利益に貢献することが期待される効果が得られる。しかし、2つの命令系統をもつ、いわゆるツーボス・システム

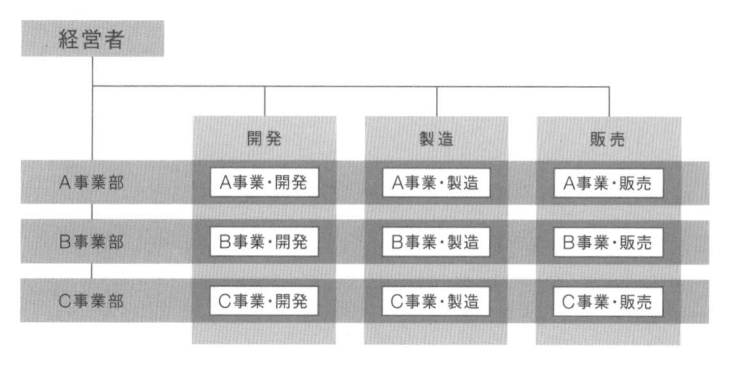

図7　マトリックス組織のイメージ

（two boss system）のもとでは、双方の指示が矛盾するときにどちらの意向や利害を優先すべきか、現場レベルで意思決定の混乱を招くことになるというデメリットもある。そもそもマトリックス組織は、ファヨール以来の組織設計原則である指揮の一元化および命令の一元化原則から逸脱するものである。加えて、この組織下では、メンバーが、結局誰に評価されるのかが不明確になり、いくらプロジェクトに貢献したとしても、職能部門での評価にはならないなど、メンバーの貢献意欲が向上しないといった弱点もある。

　ツーボス・システムによる指揮の一元化原則を崩すマトリックス組織ではあるものの、企業は組織内に「架け橋」をかけてヨコの連携を構築しようと努力する姿勢は、このマトリックス組織からも読み取ることができるだろう。

■プロジェクト組織／タスクフォース

　プロジェクト組織（project organization）は、プロジェクト単位に編成された組織のことを指し、プロジェクトの企画や進行などについて、一定期間の枠内で管理責任や権限をもつ組織のことをいう。事業部の枠組みを超えて、部門間にまたがる共通問題を解決するために臨時的に組織され、任務が終了すると解散するという特徴をもつ。プロジェクトを形成するメンバーは、専門的立場から課題に取り組むことになるが、フルタイムでプロジェクトに属する者もいれば、パートタイムで属する者もいる。彼ら／彼女らは任務が終了した時点で元の部署に戻ることになり、特命部隊と呼ばれるゆえんとなっている。またタスクフォース（task force）は、プロジェクト組織と同じように特定の任務や課題を取り扱う臨時的な少人数部隊であ

る。プロジェクト組織と比較すると、プロジェクト組織の方が、規模も大きく組織内でより正式な位置づけを与えられることが多い。

プロジェクト組織のメリットは、第一に、流行やニーズに応じて機動的に行動できること、第二に、さまざまな部門から人材が集まるので組織内のヨコのコミュニケーションがとれること、第三に、会社全体で専門家を活用・養成することができることにある。反対にデメリットは、第一に、プロジェクトの成否がマネジャーの能力に左右されること、第二に、プロジェクトが正式なものでなかったり臨時的組織であるために影響力が弱く組織編成の方法や運営の仕方が難しいことにある。

■ 戦略的事業単位（SBU）

戦略的事業単位（SBU：Strategic Business Unit）とは、企業が戦略策定をするために別途編成された組織である。1970年代に経営コンサルティング会社のマッキンゼー社によって開発され、ゼネラルエレクトリック社（GE）などで導入された。

事業部がそれぞれの枠組みに縛られて、問題が解決できないという分権化の弊害を克服するために、全社的な戦略策定をSBUが担い、戦略の実施や管理は、これらを得意とする事業部が従来通り担う。つまり、SBUは戦略策定と実施の2つのプロセスの分業を目指したものといえる。

SBUのメリットは、①全社的な戦略の視点から事業やプロジェクトの調整ができる点で、そこからたとえば自社内に保有する経営資源を有効に活用することができるようになったり、過度の事業拡散を抑え、ときには事業部では決断できない撤退の意思決定ができ

るようになる。また、②一つの事業部の枠組みにとらわれないために、さまざまな事業部の壁を越えて全社的な統合管理ができるようになるといったメリットも発生する。

　反対にデメリットは、①マトリックス組織同様、命令系統が複雑化するという点や、②事業を決定する基準が一面的で、そもそも事業単位そのものを決定しにくかったり、③当初からある事業展開を前提としているので未知の新規事業への進出機会を失う可能性があったり、④事業の評価に力点を置くあまり、事業評価の計算技法や分析が目的になってしまい、本来やるべき創造的な活動が阻害されるといったことがあげられる。

■社内ベンチャーから分社化へ

　社内ベンチャーとは、企業において新たな事業機会を探索するために、企業内に自立性の高い組織単位を設けて人員を割り当て、あたかも独立した企業のように運営される組織形態である。社内ベンチャーの規模や使命によってさまざまな形態がありうる。社内ベンチャーには大幅に権限委譲がなされるため、保守的になりがちな既存組織の制約から自由になることでアイディアの事業化が容易になり、社内に企業家精神を育成し、組織の活性化にもつながる。

　社内ベンチャーのメリットをあげると、①既存組織の手続きやルールを経ないで創造的問題に集中して取り組めるので、比較的短期間で成果をあげることができる、②優れた技術者や意欲のある起業家精神をもつ社員の外部流出を防ぎ、ベンチャー的な事業開発の経験が従業員の創造性を高め、組織を活性化する、③会社がもつ設備や資金力、情報、ブランド力といった経営資源を有効に活用して

新規事業を行うことができるといった点があげられる。一方、デメリットとして、①最終的には既存組織の承認を必要とするため、意思決定に時間がかかったり、②社内ベンチャーを手掛ける人材のチャレンジ精神に甘さが見られるときは想定していたほどの成果が出ない、といった点も指摘されている。

　新規事業創出をさらに発展させて独立性を与えた組織は、完全に子会社として独立させることもある。**分社化**（spin-out）とは、既存の事業部分を独立子会社として分割したり、新規事業部門を新会社として分離し、戦略的に別会社として主体性をもたせながら、グループ全体として目標を達成しようとする方式のことを指す。

　企業にとって分社化の動機は多様であるが、分社化は目的によって大きく２種類に分けられる。一つは事業分野の拡大・成長に沿った分社化と、もう一つはコスト削減や合理化の徹底を目的とした分社化である。前者は、親会社と同等規模の分社化や基本業務の分社化など比較的積極的な意味合いをもつ分社化であるのに対して、後者は不採算事業や撤退事業を本体から切り離すための分社化といった消極的な意味合いの分社化となっている。

　いずれにしても分社化は本社を中核としながら、分社化された各社に役割とそれに見合った権限を与え、自立的な判断と行動を期待しつつ、企業グループ全体としての目標を実現しようとするところに狙いがある。

■カンパニー制組織

　カンパニー制組織は、社内に会社に似た形式的な独立組織を作る組織デザインのことで、大きな事業部や複数の事業部をまとめてカ

ンパニーを形成する。カンパニーの長であるプレジデントには業務執行が迅速に行えるよう大幅な権限委譲を進め、裁量権を与え、独立採算的に厳しい事業評価を行う。カンパニー制はもともとソニーが 1994 年に導入した組織体制である。ソニーは 1983 年に採用した事業本部制によって細分化されすぎた社内で、商品開発力の弱体化を招いていた状況を打破するべく、市場別に事業単位を設定した「カンパニー」に組織を再編した。カンパニー制は社内分社の仕組みの一形態として、本社のマネジメントを最小限に抑え、業務に関する意思決定をカンパニーに委ねる代わりに利益責任をもたせ、本社はインベストメントセンターとして全社の戦略的意思決定とカンパニーの管理監督を行った。

ところが、ソニーは 2005 年 10 月にカンパニー制を廃止し、事業本部を中心とした組織に再編している。約 10 年足らずであっけなく放棄されたカンパニー制だが、そこにはカンパニー制のもつデメリットが大きく関係している。それは、①カンパニーが自部門の利益を優先する部分最適行動をとりはじめてしまう、②同じ会社でありながらカンパニー間の連携、さらには本社との情報共有が困難となるという負の側面が表面化したことによる。カンパニーは与えられた権限の範囲で、成長発展を図るために自カンパニーの業務遂行に最大の努力を図る。しかしその結果、皮肉にも自カンパニー以外には関心を示さなくなり、他カンパニーとの連携を図るという発想を希薄にしてしまう。さらにカンパニー間、あるいは各カンパニーと本社との情報共有が進まなくなり、結果としてカンパニー制は全社的な企業運営の視点を欠いた部分最適行動を助長してしまったのである。

　カンパニー制と事業本部制の間で揺れ動いたソニーに限らず、組織構造は常に集権化と分権化の間を行ったり来たりする。集権化による意思決定の遅延と、これを回避するための分権化、反対に分権化による組織の垣根の顕在化を回避するための集権化、この2つの相反する組織運営を行きつ戻りつしながら組織設計が行われているといえる。企業にとって、分社化やカンパニー制の導入は、多角化や市場における競争が進行しているときに多く見られるが、コスト削減や事業の再構築（リストラクチャリング：restructuring）あるいは企業の根本を変える業務革新（リエンジニアリング：re-engineering）などの一環として行われることもある。

【参考】ソニーの変遷

1946年	井深大と盛田昭夫が東京通信工業株式会社として創業
1958年	社名をソニー株式会社に変更。12月には東京証券取引所第一部に上場
1975年	家庭用ベータ方式ビデオカセットレコーダー「ベータマックス」発売
1979年	「ウォークマン」を発売。同社の代名詞ともいえる存在に成長
1982年	10月、世界初のコンパクトディスクプレーヤー発売。1980年代オーディオのデジタル化事業が進む
1982年	「SMC-70」の発売によりパソコン市場にも参入。その後これらは失敗に終わる
1983年	事業本部制を導入
1988年	盛田氏が掲げた「グローバル・ローカライゼーション」（技術とコンセプトは共通のなかで、それぞれの地域のマーケットやニーズなどに適合した商品開発を行うこと）という言葉が海外進出を目指す企業にとって合言葉となる
1993年	(株)ソニー・コンピュータエンタテインメントを設立。売上規模で4兆円を突破
1994年	4月、事業本部制を廃止し、新たに社内カンパニー制を導入
1994年	PlayStation（ソニー・コンピュータエンタテインメント）を

	発売
1995 年	「ソネット」としてインターネットサービスプロバイダ事業に参入。ソニーコミュニケーションネットワーク(株)設立
1997 年	4月、ソニーマーケティング(株)設立。7月には家庭用パーソナルコンピュータ「VAIO」シリーズ国内発売
2000 年	PlayStation2 を発売
2001 年	4月、ソニー銀行(株)設立。10月、ソニー・エリクソン・モバイルコミュニケーションズ(株)設立
2004 年	1月、フェリカネットワークス設立 4月、ソニー・コンピュータエンタテインメント（SCE）を完全子会社化。ソニーフィナンシャルホールディングス(株)設立
2005 年	10月、社内カンパニー制を廃止し、事業本部制に再編
2008 年	2000 億円を超える赤字を計上
※ 2000 年代、ソニーは大きく低迷期に入る。ウォークマンが Apple の iPod に淘汰された他、ゲーム事業、携帯電話事業など、不振が続いている。「VAIO」を冠する PC 事業をはじめ多くの不採算事業を売却したり、テレビ事業を分社化するなど、経営の効率化を目指している。しかし金融事業は近年成功を収めており、利益の多くを同事業が支える事業形態へと変貌している	

注：ソニー「会社沿革」より抜粋して作成

■その他の組織構造

　ここまでさまざまな組織構造を見てきたが、現実には企業はいずれかの組織構造を選択しながら、そのデメリットを取り除く仕組みを採用している。たとえば、組織階層を少なくして意思疎通をしやすくしたり、従来の組織に比べて境界線があいまいで、柔軟かつゆるやかに結びついたネットワーク組織を作ったり、社内外と協力して仮想的に企業体を組織したりと、さまざまな組織構造が出現している。あらゆる組織構造を網羅することは難しいが、上述のような枠に収まらない組織構造をここでいくつか見てみよう。

1）アメーバ組織

　京セラ創業者の**稲盛和夫** (1932–) が、会社の経営理念を実現するために作り出した独自の経営管理手法のことで、著書『アメーバ経営』に詳しく説明されている。企業内にできた組織ユニットをアメーバに見立てたアメーバ経営では、各アメーバのリーダーが中心となって計画を立て、全員の知恵と努力により目標を達成していく。そうすることで、現場の従業員一人ひとりが主役となり、自主的に経営に参加する**全員参加経営**を実現している。

　アメーバ経営には 3 つの目的がある。第一の目的は、市場に直結した部門別採算制度の確立である。それぞれのユニット (アメーバ) が売上高最大、経費最少の経営原則を実感しながら、自主的に経営していく仕組みを目指した。第二の目的は、経営者意識をもつ人材の育成である。組織を必要に応じて小さなユニット (アメーバ) に分割し、中小企業の連合体として会社を再構成し、自ら挑戦する組織風土を作り出し、それぞれのユニットの経営をアメーバのリーダーに任せることによって、経営者意識をもった人材を育成していくことに注力した。第三の目的は、全員参加経営の実現である。全従業員が経営者であるならばそもそも労使の対立はありえないし、会社の発展に向かって団結する最強集団となる。全従業員が、会社の発展のために力を合わせて経営に参加し、生きがいや達成感をもって働くことができる「全員参加経営」を目指したのである。

　このアメーバ経営による組織運営は、京セラをはじめ、稲盛和夫が創業した KDDI や彼が再建にたずさわった日本航空など多くの会社に導入されている。

2）バーチャル組織

　ネットワークを活用して複数の企業が連携し、あたかも一つの企業のように機能する仮想企業体を構成する。必ずしも経営資源を組織内部に抱え込む必要がなく、組織外部にある資源を活用してスピーディーに市場の変化に対応したり、顧客価値を高めようとするものである。たとえば、組織外部のネットワークを活用して製品開発や共同販売を行ったりする。

　企業にとって外部資源を活用するか、組織内部で製造するかという考え方は、メイクオアバイ（make or buy）についての意思決定として知られている。つまり、自社あるいは自組織内でそれを生産するのか（メイク）、あるいは市場から買ってきて調達するのか（バイ）という選択となる。仮に市場取引によって経営資源を調達しようとする場合、環境の不確実性（uncertainty）が高まるほどその取引の将来予測が難しくなり、結果として取引という選択をすることが困難になり、自社内で生産する（メイク）方が取引コストを低減させることができると論じられる。これをウィリアムソン（Oliver Eaton Williamson：1932–）は**取引コスト理論**（transaction cost theory）として展開していった。

　ウィリアムソンの取引コスト理論の原型はシカゴ学派の経済学者コース（Ronald Harry Coase：1910–2013）にある。コースは「そもそもなぜ組織が存在するのか」という組織の存在理由を、市場取引で行うよりも組織内部で行った方がコストが低い経済交換が存在するからだと結論づけた。これを受けてウィリアムソンは、市場経済での取引では取引相手を探し、相手が特定できたら交渉したのちに契約を結び、さらに契約が履行されているか監視も必要となり、これら

一連の情報収集に費やされる労力や時間に伴う負担が取引費用として発生するため、このコストが高い場合には組織内部で生産した方がコストが安くなると考えたのである。

　取引コスト理論で考えると、自社の組織内部で取引を行う方が、コストが低減されるように見えるが、現在の企業社会において果たしてそう言い切れるかは疑問である。激しい環境変化のなかで自社の競争優位性を確保していくためには、外部組織と手を組むことによって短期間で製品開発を進めたり、販路を拡大したりすることも有効となる。ウィリアムソンにおいてさえ、系列や下請け取引といった企業間提携は市場の完全内部化ではなく、中間組織と位置づけ、相互信頼にもとづいたネットワークシステムとしている。取引相手と共通目標が共有されることで、取引にまつわる紛争を回避するとともに、相互のコミュニケーションが促進され、一体感が生まれる。こうした信頼の絆で結ばれたネットワークシステムが、自組織の境界線とは別の次元でゆるやかに結ばれることで、仮想企業体が構築されるのである。

3）ネットワーク組織

　ネットワーク組織は、大きな自律性をもつ組織単位が相互にゆるやかに連結した非階層的で自己組織的な組織形態のことを指す。伝統的な階層組織の場合、上位から下位に向かって命令が伝達されながら秩序が維持されていくが、ネットワーク組織では個人や組織単位が相互に主体的に作用し合うなかから自律的に秩序が形成されるため、権威主義的な上下関係は存在しない。ピラミッド型の階層組織に見られるような明確なリーダーや中心的な人物、上下関係が存在しないきわめて希薄な組織であるともいえる。

　ネットワーク組織は、ボランティア組織や NPO・NGO などでよく見られる組織構造といえるが、企業組織においても見られる。たとえば、産業用冷凍機などの製造販売から創業し、現在はプラントなども手掛ける前川製作所の独法経営は、ネットワーク組織の事例といえる。独法経営とは、少人数からなる自己充足的な組織単位を作り、これを「独法」と呼んで、商法上の法人として権限と責任を与えつつ、独法同士の相互依存的協力関係をもてるようにしたものである。独法によってチームワーク型問題解決を行うとともに、それぞれの独法のメンバーが独立した企業経営者のように当事者意識をもって全員経営を行う風土を作り出しているといえる。

5．組織構造の選択

■環境適応と組織構造

　以上のように、組織構造にはさまざまな形が存在し、さらにこの組織構造は変化する。前節であげたソニーのみならず、例をあげれば松下電器が「事業部制」と「事業本部制」を行き来してきた歴史などを見ても、組織は集権化と分権化の間で常に揺れ動いていることがわかる。つまり、集権化による意思決定の遅延と、分権化によってできた組織の垣根の回避という、それぞれの問題を組織構造の選択によって解決しようとしているのである。

　組織構造に関する議論には当初、いかなる経営環境のなかでも優れた成果をもたらす最適な組織構造が存在するはずである、という前提があった。その典型的なモデルがウェーバーの唱えた官僚制で

あったといえる。ウェーバーは現代社会の多くの種類の組織に共通に見られる特徴を抽出し、多数の人々の活動を調整するために技術的に優れた手段として官僚制を考え出した。官僚制という言葉は、今日では「官僚主義」「お役所仕事」といった非効率の典型のように受け取られることもあるが、本来ウェーバーが論じた官僚制は、これとは反対に合理的で効率的な組織を意味していることに注意したい。

　しかし今日の組織構造の考え方では、いかなる経営環境下でも高い成果をあげられる唯一絶対の組織構造はなく、最適な組織構造は企業が置かれている状況によって異なるという考え方に変わってきている。環境の不確実性への対処を管理プロセスの本質ととらえたトンプソンの影響を受け、組織を情報処理システムととらえ、環境の不確実性をいかに吸収するかという視点から組織構造の類型を体系的に論じたガルブレイスの組織デザイン論がある。

　ガルブレイスは、①通常、画一的で反復的な状況では組織はルールやプログラムによって調整を図る、②プログラム化が困難な例外事項は上司（上層）が処理する、③例外事項が頻繁に起こる場合は目標設定を下位に委譲し、当事者が解決する方策を選択するとした。課業の不確実性に対して、たとえば情報処理の必要性を軽減していくために自己完結型職務の遂行として事業部制を採用したり、他方で、情報処理能力を向上させていくための横断的関係の形成としてマトリックス組織を採用するなど、どのような方策を選択するかは企業が置かれている状況および戦略的選択の問題であると主張した。

　実際の企業組織を見ても、組織構造は企業ごとに多様な形態をとっており、自社の置かれている環境によって、最適な組織構造を

選択しているといえる。このことは、すでに経営環境への適応が組織構造を規定しているとして「組織構造は戦略に従う」(Structure follows strategy.) と主張した**チャンドラー**を介して、組織内部の経営資源に着目した管理職能のコントロール以外に、長期的展望に立って企業の方向性を見定める戦略的な管理職能へと目を向けるきっかけが与えられていたともいえる。チャンドラーの著書『組織は戦略に従う』(*Strategy and Structure*) のなかでも、経営環境への適応を課題とする経営戦略論の重要性が述べられ、その後、経営戦略論が台頭するきっかけを与えたといえる。

■組織デザインの地平

今日の組織運営に何らかの違和感を感じる人々の共感を呼び、新しい組織モデルを発明しようと模索した経営コンサルタントのラルー (Frederic Laloux：1969–) は、『ティール組織』(*Reinventing Organizations*) のなかで進化型の組織形態を唱えた。ラルーによると組織の発達段階は次の5つの局面に分類される。それは、レッド (衝動・群れ型) からはじまり、アンバー (順応・軍隊型)・オレンジ (達成・機械型)・グリーン (多元・家族型) そしてティール (進化型) に至る (表3)。

ティール組織とは、上司の指示命令によって機械的に働くのではなく、人々が自分らしさを最大限に発揮しながら、自ら意思決定をしていけるように、上下関係や管理が少ない環境のなかでチームワークが発揮され、組織目的を追求していけるような組織モデルといえる。ティール組織は「生きいきとした有機体」や「生命システム」のメタファ (比喩) で説明されるが、この意図は生命体は進化に

表3　ラルーの組織分類

組織	組織形態	メタファ（比喩）	特徴
レッド	衝動型	オオカミの群れ	分業、トップダウン型（権威重視）
アンバー（琥珀色）	順応型（伝統型）	軍隊	頒布可能な同じ手続き、安定した組織体制
オレンジ	達成型	機械	革新主義、説明責任、実力主義
グリーン	多元型	家族	権限の委譲、価値観をもった「文化」、ステイクホルダーの価値観を活かす
ティール（青緑色）	進化型	生命体	セルフマネジメント（自己管理）、ホールネス（自己管理）、常に進化する目的

注：F. ラルー『「イラスト解説」ティール組織―新しい働き方のスタイル』（中埜博・遠藤政樹訳）技術評論社、2018 年、50–51 ページより作成

向けあらゆる知恵を働かせながら、生態系を管理しているということである。誰かからの命令やコントロールなしに、高次の全体性、複雑性に向けて進化する生命体のさまから会社組織が学ぶことで、経営管理に新たな地平を拓くとしている。

　現時点では企業の多くが「オレンジ組織」の段階に位置すると考えられている。しかしそこから生じるさまざまな問題を解決しうる新しい組織デザインの一つとして、ティール組織のような構造が経営管理の新しいパラダイムを作り出す可能性を示しているといえる。

第4章

経 営 戦 略

　経営戦略論が経営学において注目されるようになったのは 1960 年代に入ってからである。この時代、経営環境の変化が激しくなるなかで、組織内部の管理がうまくできても外部環境の変化に対応できなかったり、計画的な管理が難しくなっていた。こうした背景のなかで、チャンドラーやアンゾフが環境変化に適応していくための経営戦略論を唱えたのである。

　1970 年代に入ると、多角化した事業をいかに管理していくかに視点が移るなかで、どの製品事業に重点的に経営資源を投入すべきかを判断する経営戦略分析手法として「PPM分析」が開発される。その後、1980 年代に入り、経営戦略論を競争戦略論として体系化したポーターは、いかにして業界内で優位な地位を占めるかを 3 つの戦略で整理、ポーターの戦略論はポジショニングアプローチとして今日でも多くの支持を得ている。

　その後は、経営資源の有効活用のための戦略として、「コア・コンピタンス経営」や「知識創造理論」「リソースベースドビュー」など、自社が保有する経営資源の活用のみならず、企業が経営資源そのものを新たに生み出していくことで競争優位の源泉にしようとする考え方が出てくる一方で、変化する経営環境に柔軟に対応しうる「創発型戦略」の考え方が提唱されていく。

　このように経営戦略は、企業目標を達成するための道筋を、経営環境とのかかわりのなかで示した構想であるとともに、それは独自の競争優位性をもつものでなければならない。実際の企業経営の指針ともなる経営戦略論を学ぶことで企業の実相に触れ、経営学のダイナミックな面白さに気がつくだろう。

1．経営戦略とは

■経営戦略の重要性

　企業はさまざまな経営環境のなかで活動を行っている。企業はこの経営環境からの影響を受け、また経営環境に働きかけながら、環境に適応しつつ存続・成長している。大きくとらえると、経営戦略とは、企業が経営環境に適応するための構想であり、環境とのかかわりのなかで選択される経営活動の基本的方向性を規定するものである。別の言い方をすれば、「企業の長期的な目的を達成するための将来の道筋を、企業環境とのかかわりで示した長期的な構想」と表現されるものが経営戦略といえる。

　経営戦略の重要性に目が向けられるようになった背景には、まず企業をめぐる経営環境の変化があげられる。企業を取り巻く環境がますます予測不可能になるにつれ、従来型の長期的な経営計画による管理が、経営活動の将来を方向づける機能を十分に果たさなくなった。そこで環境とのかかわりで企業が直面する問題を探索し、新しい存続・成長の機会を見出し、経営活動に基本的指針を提示する経営戦略に注目が集まるようになったのである。

　次に、経営活動の範囲の拡大と多様化があげられる。今日の企業は、たとえばグローバル化に代表されるように市場や取引関係などにおいて活動範囲をますます広げている。企業が広範囲に、多様な関係性をもつことによって、その影響力の範囲も拡大する。それに伴い予測不能な新しい事態にも対処していかなければならなくなり、ここでも経営戦略の必要性が見られるようになったといえる。

　経営戦略を考えていくためには、将来のあるべき姿（目的）を見定め、その企業が置かれている経営環境を分析しなければならない。そこでは、市場の動向や業界の競争構造に起因するさまざまな機会（Opportunity）や脅威（Threat）を見分け、同時に自社の経営資源がもつ強み（Strength）や弱み（Weakness）を浮き彫りにしなければならない。この分析手法を、それぞれの頭文字をとって SWOT 分析という（図8）。

図8　SWOT 分析

表4　経営戦略論の系譜

年代	経営戦略論の主な内容
1960 年代	いかに自社の経営基盤を強化するか ・「組織構造は戦略に従う」（チャンドラー） ・「製品-市場ミックス」（アンゾフ）
1970 年代	事業の多角化のための戦略 ・PPM（ボストンコンサルティンググループ）
1980 年代	企業間競争戦略のための経営戦略 ・ポーターの競争戦略論 　①コストリーダーシップ、②差別化、③集中
1990 年代	経営資源の有効活用のための戦略 ・コア・コンピタンス経営の提唱（ハメル＝プラハラード）※ ・知識創造理論（野中）※
2000 年以降	「戦略サファリ」（ミンツバーグ）の時代へ ・リソースベースドビュー（バーニー）※

注：表中の※は本章では明示的に取りあげていないが、経営資源の一つとして
　　戦略的に扱っていく必要性があると考えて付記した

　しかし単に企業の外部と内部の経営環境を分析するだけでは、経営戦略とは呼ばない。あくまでも企業の目的を見定め、経営環境分析を行ったうえで、その目的に向かってどのように進んでいくべきか道筋をつけることが経営戦略の要点である。そこでは、ときには企業の側が主体的に経営環境に働きかけることも想定されているのである（表4）。

■経営管理から経営戦略へ—チャンドラーとアンゾフ

　経営戦略論が経営学のなかで注目されるようになったのは1960年代に入ってからといわれている。環境変化が激しくなるにつれ、組織の内部管理をうまくやっても外部環境の変化に対応できなかっ

たり、企業規模の拡大によって合理的な管理を指向する官僚制の弊害が噴出し、計画的な管理が難しくなってきた。こうした背景のなか、チャンドラーやアンゾフが企業全体の方向性を見定め、環境適応を経営課題とする経営戦略論を唱えたのである。

１）チャンドラーの「組織構造は戦略に従う」

チャンドラー（Alfred DuPont Chandler Jr.：1918-2007）は、アメリカの大企業であるデュポンやゼネラルモーターズ（GM）などの事例を取りあげ、２種類の経営管理を行う必要があると指摘した。第一に長期的な企業体質に関すること、第二に日常業務を円滑に行うことであり、通常「管理」と呼ばれるものとして扱われる。特に前者は、チャンドラーがアメリカ企業の事例分析のなかから見出したもので、今日「戦略」の範疇に入るものである。つまり、経営資源を効率的に活用する組織内部の管理職能以外に、長期的展望に立って企業全体の方向性を見定める戦略的な管理職能があることを明らかにしたのである。

チャンドラーの分析したデュポンでは、第一次世界大戦後、爆薬の需要減から化学製品への多角化を進めたが、扱う製品が急増したことで、多数の工場、研究所、購買部門、営業所などの調整に手間取るようになっていた。こうした事態を打開するために事業部制組織を採用したのである。一方、フォードやクライスラーとともに、アメリカ自動車メーカーのビッグスリーの一つであるGMも、原材料・部品メーカーなどを川上統合することによって、組み立てメーカーである自動車メーカーが他の自動車メーカーに対して生産面で優位に立てると考えたのである。こうした垂直統合による買収によって大きな企業連合体のような構造となったGMでは、機能別組

織でコントロールしていくことが困難になったために、事業部制組織へと組織構造を変更していった。

　デュポンやGMは、戦略的なニーズから事業部制組織を採用していくことになるが、こうした事例からチャンドラーは、**組織構造は戦略に従う**（Structure follows strategy.）という命題を打ち立てたのである。つまり、経営戦略に応じて組織のデザインは異なる、という命題であり、いいかえると、環境変化への適応が内部の組織構造を決めると主張している。しかし、戦略策定の出発点となる環境変化をどのように察知し、これに対してどのように行動すべきかについての指針は、チャンドラー理論からは聞かれなかった。

２）アンゾフの成長戦略論

　チャンドラーの後、本格的に経営戦略論を展開していったのがアンゾフ（Harry Igor Ansoff：1918-2002）の『企業戦略論』（*Corporate Strategy*）からであった。アンゾフは製品と市場とをそれぞれ既存分野と新規分野に分け、その組み合わせによって４つの製品市場分野をあげている。なおここで製品とは、製品のもつ技術的特性や機能上の特性、効用によって規定される製品を指し、市場とは、製品やサービスに対する需要ないしニーズを指している。このマトリックスは、企業の成長の方向を示すことから、「成長ベクトルモデル」などと呼ばれる（図9）。

①市場浸透戦略 （market penetration）

　既存市場に既存製品を投入しながら売上を伸ばしていこうとする戦略で、広告宣伝の強化、価格の改定、流通経路の整備、その他の販売促進策を駆使して、既存の顧客の需要を伸ばしていく。

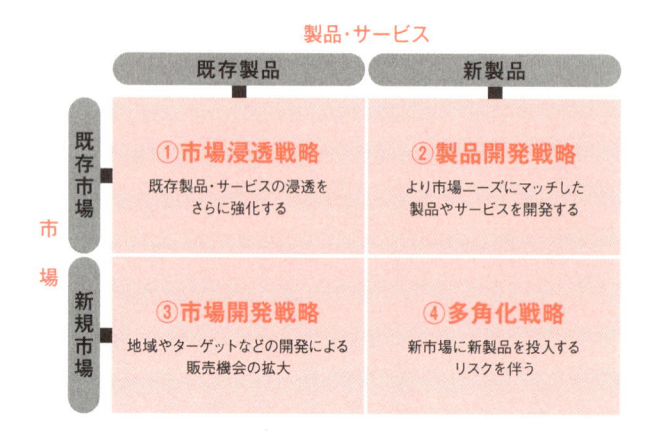

図9　アンゾフの成長ベクトル

②製品開発戦略（product development）

　既存市場に新製品を提供して、売上の増大を図る戦略である。新製品開発には、既存技術の改良型と新規技術の導入型の2つがあり、いずれの場合も新機能やデザイン変更などを行っていくものである。

③市場開発戦略（market development）

　既存の製品で新たな市場を開発して成長の機会を見出していく戦略である。たとえば、国内市場のみを対象としていた企業が、海外にも目を向けるというように、既存製品をこれまで販売していなかった地域に販路を拡大したり、ベビーオイルを女性用に販売するように、既存製品に別の使途を見出し、これまでとは異なる顧客の需要を引き出す。

④多角化戦略（diversification）

　新規市場に新製品を投入して、そこから成長の機会を広げる戦略である。多角化戦略は、既存の市場や製品を利用できない分だけ、

不確実要素が多く、リスクも高い。しかし低成長期にあって、市場ニーズも多様化している環境下では、企業はこれに対応して技術開発や業務提携、合併買収などの手段を用いて多角化戦略をとる傾向がある。なお多角化には、「関連事業多角化」と「非関連事業多角化」があり、前者は企業がこれまで蓄積してきた製品開発技術や生産技術、流通チャネル、管理ノウハウをもとに新規事業を構築することを指し、後者は余剰資金があるときに企業の買収という形で進められる。

　企業が多角化戦略をとる理由は、第一に主力製品の需要の停滞による新しい事業への進出、第二に季節や流行、天候などによって需要が左右される製品を取り扱うゆえの企業収益の安定化、第三に単一製品頼みの収益源からのリスク分散、第四に経営活動によって蓄積された未利用となっている余剰資源の有効活用、といったことがあげられる。

　企業は、現在の製品市場分野が自己の能力に適しており、市場の成長性も十分あると判断すれば、市場浸透戦略をとり、競争上有利な立場に立つ努力をする。しかし現在の事業分野では設定された目的が達成できないと判断すれば、別の分野で成長の機会を求めようとする。その場合、市場開発戦略、製品開発戦略、多角化戦略のいずれかの方向を選び、自社の強みとなっている現有の能力を活かしてシナジー効果をあげることのできる活動分野を模索するのである。

■事業多角化のための戦略—プロダクトポートフォリオマネジメント

1）プロダクトポートフォリオマネジメント（PPM分析）

　1970年代に入ると、アメリカ企業の多くは多角化を進めた。その結果、経営戦略の主眼は多角化した事業の再編成へと移っていった。多角化を歴史的に俯瞰すると、1960年代は経営力の強化と経営リスクの分散を目的とした「事業の多角化」（いかに多角化するのか）のための戦略が求められたのに対して、1970年代は「多角化した事業の管理」（いかに多角化した事業を管理するのか）のための経営戦略が求められるようになっていったといえる。

　しかし、どの事業が収益性に富み、どの事業が劣るのかを、個々の事業の将来性を踏まえたうえで的確に判断、予測することはきわめて困難な作業であり、1960年代から多角化を行ってきた企業の多くがこのような問題に直面するようになった。その解決方法として、ボストンコンサルティンググループ（BCG）が、プロダクトポートフォリオマネジメント（Product Portfolio Management）、通称 PPM分析という独自の経営戦略分析手法を開発したのである。

　PPMは、企業のトップマネジメントがコントロールする製品事業群に対して、「どの製品事業に重点的に経営資源を投資すべきか」をあたかも投資家の視点で分析するように用いられる。PPMは、市場成長率と相対的市場占有率（マーケットシェア）の2軸のマトリックスによって、複数事業に対する資源配分を決定する枠組みを提供しており、この点で製品群の増大や多角化に対処しようとしていた企業に注目されるようになったといえる。ここでいう事業とは、組織構造のところで述べた戦略的事業単位（SBU）であり、その位

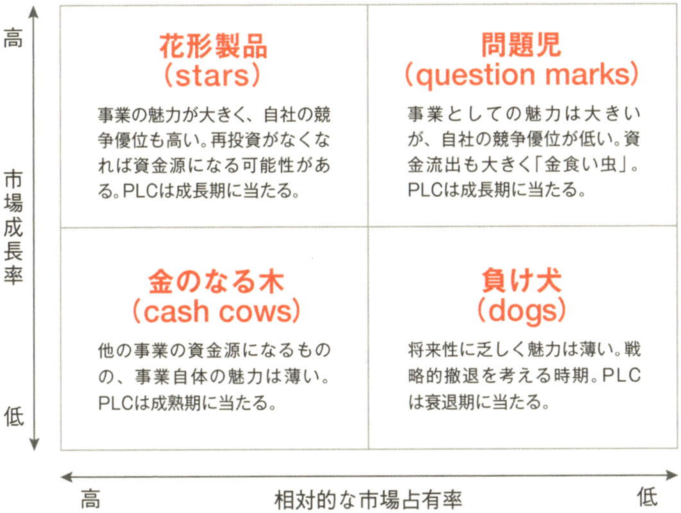

	高	花形製品 (stars) 事業の魅力が大きく、自社の競争優位も高い。再投資がなくなれば資金源になる可能性がある。PLCは成長期に当たる。	問題児 (question marks) 事業としての魅力は大きいが、自社の競争優位が低い。資金流出も大きく「金食い虫」。PLCは成長期に当たる。
市場成長率		金のなる木 (cash cows) 他の事業の資金源になるものの、事業自体の魅力は薄い。PLCは成熟期に当たる。	負け犬 (dogs) 将来性に乏しく魅力は薄い。戦略的撤退を考える時期。PLCは衰退期に当たる。
	低		

高　　　　相対的な市場占有率　　　　低

図10　PPMマトリックス

注：B. D. ヘンダーソン『経営戦略の核心』（土岐坤訳）ダイヤモンド社、
　　1981年、236ページをもとに作成

置づけにもとづいて、収益をあげる事業（金のなる木）と集中的に経営資源を投下する事業（花形製品）、将来のために育成する事業（問題児）、撤退を検討する事業（負け犬）などを決定するもので、図10の4つの象限で示される。

①金のなる木（cash cows）

　相対的市場占有率が高い反面、市場成長率の低い製品であり、この製品は市場占有率を維持するのに必要な投資を上回る資金の流入をもたらすので、他の事業の資金源となる。

②花形製品（stars）

成長性の高い市場で相対的に大きい市場占有率をもつ製品であり、他企業よりも優位にあって利益率が高く資金の流入も多いが、高い市場占有率を維持していくことが最優先課題となる。そのために資金を惜しみなく投資しなければならないので資金流出も大きい。再投資の必要がなくなったときに「金のなる木」になり、大きな資金源に育つ。

③問題児（question marks）

市場は成長期にあるが、市場占有率が相対的に低い製品であり、資金流入が少ないが、それをはるかに上回る投資をしなければならず、これを怠ると他企業に遅れをとり、市場から消滅してしまう。資金を効果的に使って、特定の製品に投資を行い「花形製品」に育てなければならない。しかし、投資を続けても低い市場占有率のままであれば、負け犬に転じてしまうリスクもあり、投資すべき「問題児」を選別するのがきわめて重要な問題となる。

④負け犬（dogs）

市場成長率と相対的市場占有率とがともに低い製品であり、資金流入は少なく、長期的に安定した資金源とはなりえない。また成長の低迷している分野であるから、これに多額の投資をしても「金のなる木」には到底育たない。採算が限界にあるような事業は、撤退して資金を回収することも検討すべきである。

理想的なPPMは、好不況にかかわらず資金源となる「金のなる木」をいくつかもち、ここから生じる資金を「問題児」に投資し、成長率の高いうちに「花形製品」に育てあげたり、資金を研究開発

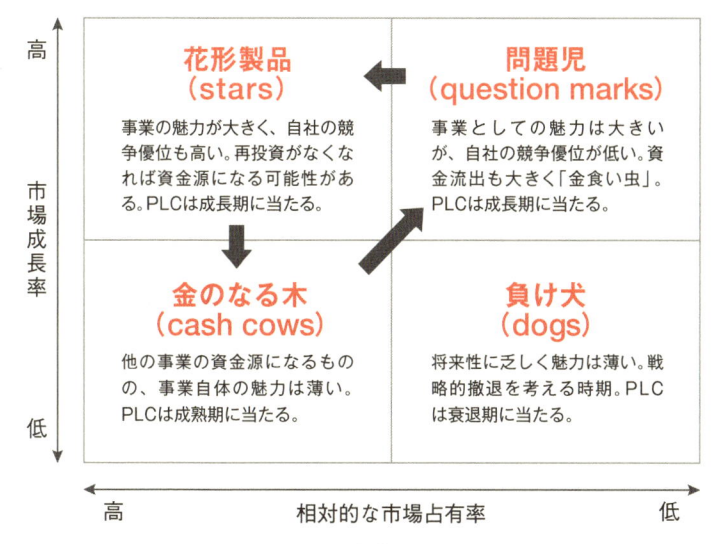

図11　理想的なPPM

注1：図中の太矢印は資金の流れを示している
注2：徳重宏一郎『経営管理要論（改訂版）』同友館、1994年、128ページを
　　　もとに作成

に投資して、直接「花形製品」を作り出す。「花形製品」はいずれ
「金のなる木」に移行して次の製品の資金源になる。「花形製品」に
育たなかった「問題児」および「負け犬」は短期的な資金源として
活用するか、あるいは撤退して資源を回収し、他に有効活用するの
が望ましい（図11）。

　PPMのなかでは明示的に示されてはいないが、撤退も戦略の一
つと考えられている。今後、製品の需要が減少し、市場占有率が低
く競争優位に立てる可能性がない場合、企業は現在の事業分野から
撤退を検討する。撤退は、企業の拡大・成長とは逆の方向をとるが、

損失を回避し、犠牲を最小限にとどめるために計画的に撤退するのであれば、それは消極的ではあるが経営資源の有効利用に貢献することになり、これを撤退戦略と呼ぶ。

BCG が開発した PPM は、市場成長率と相対的市場占有率の2軸によって製品の評価を行っている。しかし、市場占有率というときの市場のとらえ方や、市場の有望さを成長率だけで判断するのは一面的すぎるといえる。また4つの象限だけで、複雑な事業やすべての製品分野をカバーすることができないといった問題点も指摘されている。

2）製品ライフサイクルと経験曲線—PPM の分析視点

PPM はその前提として、①「製品ライフサイクル」を市場成長率、②「経験曲線」を相対的市場占有率と解釈して、これら2つの分析視点に関する理解が重要であるともいわれる。

①製品ライフサイクル

製品ライフサイクルとは、製品にも人間の一生と同じように寿命があり、時間軸と販売量（需要）によって、導入期→成長期→成熟期→衰退期へと推移することを示す考え方である。導入期は、市場に新しい製品やサービスが導入される時期である。成長期は、製品が認知されて需要が拡大し、急激に販売量が拡大する時期である。成熟期は、競争相手の出現や製品の普及、代替製品の登場などによって、製品の需要が停滞する時期である。そして衰退期は、需要が縮小して販売量も下降線をたどり、撤退も検討する段階である。

たとえば、製品の導入期から成長期にかけては、広告宣伝や販売促進、研究開発費などのコストが増大するため資金流出が大きくなり、利益は出なかったり、あるいは少なかったりする。その後、成

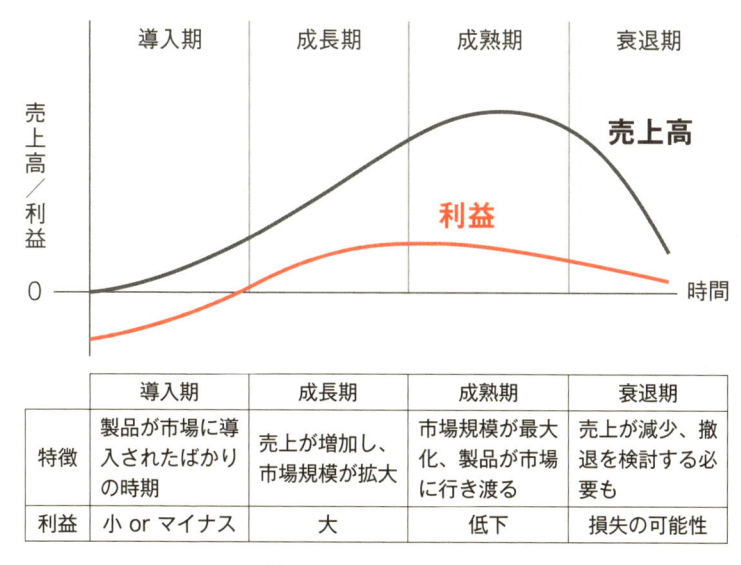

	導入期	成長期	成熟期	衰退期
特徴	製品が市場に導入されたばかりの時期	売上が増加し、市場規模が拡大	市場規模が最大化、製品が市場に行き渡る	売上が減少、撤退を検討する必要も
利益	小 or マイナス	大	低下	損失の可能性

図 12　製品ライフサイクルの S 字カーブ

熟期に入ると新たな研究開発費や広告宣伝などに投資する必要が少なくなるので資金流出が減少し、利益が増大する。こうした売上高と利益との関係を製品のライフサイクルで描くと、S 字カーブを描くといわれている (図 12)。

②経験曲線

　経験曲線とは、累積生産量が増大するごとに単位当たりの実質生産コストが低下するという、経験則にもとづく曲線のことである (図 13)。たとえば、ある部品 1 個当たりの実質コスト 100 円で 1 万個作ったとして、累積生産量が 2 倍の 2 万個となったときの製品 1 個当たりの実質コストは 80 円となり、さらにその 2 倍の 4 万個に到達した場合の実質コストは 64 円となるというものである。累積生

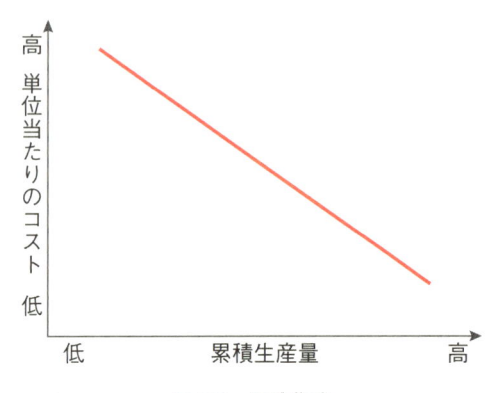

図13　経験曲線
注：B. D. ヘンダーソン『経営戦略の核心』（土岐坤訳）ダイヤモンド社、1981年、189ページをもとに作成

産量が2倍になると、製品の単位当たりのコストが20〜30％低下するといわれ、「80％カーブ」などと呼ばれる。こうした現象のことは経験効果とも呼ばれる。

では、なぜコストが下がるのだろうか。それについては3つの要因が考えられる。

①習熟効果……累積生産性の増大に伴って作業者が仕事に慣れることから、生産に要する時間が短縮される。作業者が特定の作業を繰り返す間に「慣れ」が生まれ、能率を向上させるための改善方法や近道を覚えるためである。したがって作業者が生産速度を決定するような作業が多ければ多いほど、彼ら／彼女らの経験による習熟の度合いも高くなる。

②規模の経済性……規模の経済性は、「一度に100個作るよりも200個作る方が、1個当たりのコストは安くなる」というものであり、

仮に価格を引き下げても大量に生産販売することができれば、それ以上にコストを引き下げることができる。

　③技術、デザインや工程における改善……特定作業の専門化は、その作業の生産効率を高める結果をもたらす。分業によって作業者の経験量が増加するからである。そこでの工程や動作の改善も、能率の向上に寄与する。特に、鉄鋼・石油・化学など大きな設備投資を要する資本集約的な産業においては、製法を新規に開発したり、改善したりすることがコスト低減の重要な源泉になりうる。たとえば、資本集約的でかつ労働集約度の低い半導体産業では、研究開発活動のかなり大きな部分を製法の改良に集中して、生産技術を改善し、その結果、習熟率 70 ％から 80 ％という経験曲線を示している。

　数多く生産することによって、そこから生み出された経験則が企業内に蓄積されることになり、さらに市場占有率が高ければ高いほど、その企業の製造コストは相対的に低くなり、結果として経験効果によって、競争優位性がもたらされることになる。

２．競争戦略論

■ポーターの競争戦略論

　1980 年代に入り、経営戦略論を競争戦略論として体系化したのが、ポーター（Michael Eugene Porter：1947-）だった。ポーターが提示した企業が競争優位性を構築するための３つの基本戦略は、その後の企業戦略に対する考え方に大きく影響を与えた。

　ポーターは、産業の組織構造から経済性を考える経済学の一分野

である産業組織論 (industrial organization theory) の考え方にもとづいて、企業に収益をもたらす産業構造の特性を明らかにした。これによると、特定の事業分野における競争状態を決定する要因は以下の5つである。

　①新規参入企業の脅威……潜在的参入業者を含む新規参入業者の数と規模がもたらす脅威

　②代替製品・サービスの脅威……買い手のニーズを充足する代替品の出現がもたらす脅威

　③買い手の交渉力……顧客が及ぼす収益への影響

　④売り手 (供給業者) の交渉力……原材料の仕入れ先である供給業者が及ぼす収益への影響

　⑤同業者間の敵対関係……業界内における競合企業同士の競争状況の程度がもたらす脅威

　たとえば、「同業者との競争が激しいうえに、新規参入業者がどんどん入ってくる。さらに自社の製品やサービスの代替品がたくさんあり、おまけに自社よりも顧客や納入業者の方が立場が強い」といった傾向が強いほど、その業界での競争は激しいものとなり、結果として儲かりにくい業界になる。これらの5つの競争要因に従って業界の構造や魅力度・収益力を分析する手法として、ポーターは**ファイブフォース分析** (five force analysis) を生み出し、そこから業界内において企業が他社に比べて優位な地位 (ポジション) を占めることの重要性を指摘している。

　競争上の優位性は、買い手のために価値を生み出すところから生まれる。買い手が認める他社よりも優れた価値は、他社よりも安い価格で提供されるか、あるいは他社よりも高い価格であればそれを

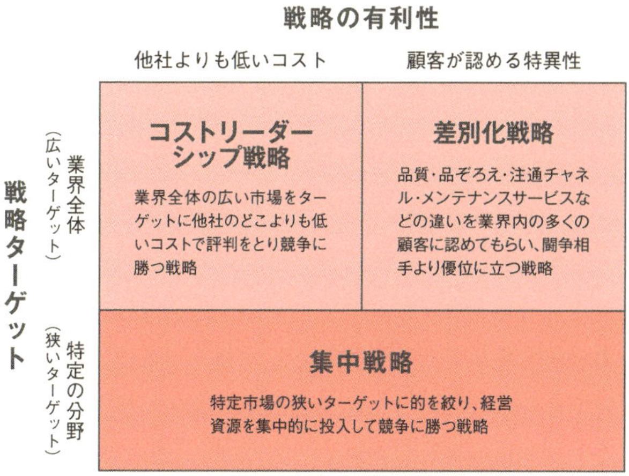

戦略の有利性

他社よりも低いコスト　　　顧客が認める特異性

業界全体（広いターゲット）	**コストリーダーシップ戦略** 業界全体の広い市場をターゲットに他社のどこよりも低いコストで評判をとり競争に勝つ戦略	**差別化戦略** 品質・品ぞろえ・流通チャネル・メンテナンスサービスなどの違いを業界内の多くの顧客に認めてもらい、闘争相手より優位に立つ戦略
特定の分野（狭いターゲット）	**集中戦略** 特定市場の狭いターゲットに的を絞り、経営資源を集中的に投入して競争に勝つ戦略	

戦略ターゲット

図14　ポーターの３つの競争戦略

注：M. E. ポーター『競争の戦略』（土岐坤・中辻萬治・服部照夫訳）ダイヤモンド社、1982年、61ページをもとに作成

相殺して余りある特別な価値をもつものであるか、のいずれかである。このことからポーターは、競争戦略をコストと差別化の２つのタイプに分けた。さらに、競争戦略の対象となる顧客がどの範囲に限定されるかによって、広いターゲットと狭いターゲットの２つに分け、これら２つの視点の分類を組み合わせて、ポーターは競争戦略を３つのタイプに分類した。それは、コストリーダーシップ戦略、差別化戦略、集中戦略（コスト集中と差別化集中を含む）である（図14）。

①コストリーダーシップ戦略

　コストリーダーシップ戦略は、業界の広い範囲をターゲットとして、競争相手に比べて低コストで製品を生産し、業界においてコスト面で最も優位に立つための戦略である。コストにおいて競合他社

よりも優位に立つためには、市場占有率（マーケットシェア）を高めるとともに、生産規模の拡大や広告宣伝への投資などが必要になる。こうしたことは大規模な生産を展開できる企業、すなわち大企業において可能な戦略といえる。

コストリーダーシップ戦略を成功に導くサイクルは、低価格達成のための規模の経済性の追求→高い市場占有率の確保→経験曲線効果によるさらなるコスト削減→原材料の大量調達に伴うコスト低減→高い市場占有率の確保→安定した利益獲得が可能な事業の確立、という好循環を実現し、その結果として持続的な競争優位性を確立することが可能になるのである。

しかし注意しなければならないのは、単に販売価格の安さで違いを作ることをコストリーダーシップ戦略とは呼ばない点である。コストリーダーシップ戦略は、赤字覚悟で極端に安い価格をつけることではなく、あくまでもその裏づけとなる低コスト化が実現されていなければならない。たとえば、人件費の安い海外で生産する、安い原材料を探してくる、などの方法によって低コスト化を実現しようとするものなのである。

②差別化戦略

差別化戦略は、業界において自社の製品やサービスが特別なものであると思わせる戦略である。差別化にはいろいろな種類があるが、製品の機能や品質、デザインで差別化を図る製品差別化や、配送サービスやアフターサービスなどサービス面で差別化するサービス差別化、製品のブランドが差別化の要因になるブランド差別化などが主流である。研究者によっては、価格差別化をあげる者もいるが、ポーター理論ではコストリーダーシップ戦略のなかに含まれる。

　いずれにせよ、価格以外の面で違いを作っていくのが差別化戦略である。この違いが独自性の強いものであり、顧客の関心を引くものであれば、たとえ高価であっても顧客の支持を得ることが可能になる。

③集中戦略

　上のコストリーダーシップ戦略と差別化戦略は、広い範囲をターゲットにしているのに対して、集中戦略は、特定の顧客（たとえば主婦や女子学生など）や特定の地域（首都圏や地方都市など）、特定の製品（高級品や普及品など）、およびそれらの組み合わせによってターゲットを限定することで、経営資源の配分を特化して、ごく限られた範囲でコストあるいは品質の違いを作ろうとするものである。集中戦略では、ターゲットが限定される分、他社よりも効率的に経営資源を有効活用して、競争優位性を確保することができるようになる。

　集中戦略は、市場を細分化し、選んだセグメントの特性を徹底的に分析して、それに適合する製品、価格、販売経路を用いる。その市場規模は、業界の平均よりも小さいのが一般的であり、業界全体における優位性を求めることはできないが、選んだセグメントで安定した地位を得る可能性はある。

　ポーターの競争戦略を説明する際によく事例としてあげられるのは、ハンバーガー業界である。手軽さや安さに価値を求める顧客に対してコストリーダーシップ戦略をとるマクドナルド、品質やおいしさに価値を見出す顧客に対して差別化戦略をとるモスバーガー、というように競争相手との間に違いを作り、棲み分けを行っている。これらに対し、集中戦略では、特定の顧客や地域など、競争の舞台

を限られた範囲に限定することで経営資源を有効活用し、効率的に違いを生み出していく。

　ハンバーガー業界における集中戦略の例として、北海道函館市にある「ラッキーピエロ」をあげてみたい。函館のソウルフードともいえるラッピー（地元の人々は親しみを込めてそう呼んでいる）のハンバーガーは、観光客にも大変な人気がある。その特徴を一言でいえば、とにかく独創的といえる。「一つとして同じものがない。テーマをもった個性的な店作り」を旨として、ハンバーガー店の枠を超えて、カレーライスやオムライスまでを取りそろえる充実ぶりとなっている。人気ナンバーワンは「チャイニーズチキンバーガー」で、材料は北海道産にこだわり、作り置きはせず、安心安全をおいしく提供している。さらに函館市内にほとんどの店舗が集中し、「ご当地バーガー全国1位」にも輝く。地域に特化して、大手に真似のできない商品とサービスを提供するラッキーピエロはまさに集中戦略の代表例といえる。

　ポーターの競争戦略は上で整理したように、競争相手よりも安く作る（コストリーダーシップ戦略）、製品やサービス面で違いを作る（差別化戦略）、特定のターゲットに集中する（集中戦略）の３つである。この競争戦略は、市場における企業の地位や競合相手との関係によって選択される。市場でトップを行く**マーケットリーダー**は、高い市場占有率を背景にコストリーダーシップ戦略をとることが多い。トップに近い２位の企業は**マーケットチャレンジャー**として、トップ企業との差別化戦略をとる。市場の動向を追いかける下位メーカーである**マーケットフォロワー**は、小さな市場に特化した集中戦

略をとる。このように小さくて大企業が乗り込まない市場のことを**ニッチ**と呼び、ニッチ市場に特化した企業を**マーケットニッチャー**と呼ぶ。

　ここで疑問になるのは、コストリーダーシップ戦略と差別化戦略を同時に追求すれば、より効果的ではないかと考えるかもしれない。ところが一般的に、製品やサービスの品質とコストはトレードオフの関係にあるといわれている。すなわち、品質や機能を追求すればコストがかかり、反対にコストを下げようとすれば品質を落とさざるをえないということになる。結果的に、コストリーダーシップ戦略と差別化戦略を同時に追求することは難しい。

　ポーターの戦略論は、収益性の高い業界を見つけ、競争相手よりも正確に競争要因を分析し、経営環境のなかに自社をうまく位置づけることが優れた競争戦略になるという前提にもとづいて、より好ましい事業領域や市場を求めるところから**ポジショニングアプローチ**（positioning approach）と呼ばれ、今日でも支持を得ている。

■競争戦略から「競争しない」戦略へ

　競争戦略をとるうえで、自社の得意分野を選択し、これを磨きあげていくことで、自社の地位（ポジション）を確実なものにしていく方法以外に、逆説的ではあるが「競争しないこと」も戦略になりうる場合がある。つまり、激しい競争の行われていない業界や事業を選択することが競争戦略になる。

　事業を展開するうえで、企業は競合他社との激しい競争にさらされている。ゆえに、価格で優位に立とうとしたり、商品やサービスを差別化したりして、競争戦略を繰り広げている。しかしそういっ

た市場は激しい競争状態にあり、血みどろの戦いが繰り広げられている。キム（W. Chan Kim：1951-）＝モボルニュ（Renée Mauborgne：1963-）は、こうした既存市場での血で血を洗うような熾烈な市場を「赤い海」、すなわち「レッドオーシャン」、この反対に位置する市場を「ブルーオーシャン」と呼び、つまり競争のない新しい市場や業界に乗り出していくことをブルーオーシャン戦略としてまとめあげた。競争相手がいなければ市場を独占できる可能性があり、莫大な利益を見込むことが可能になる。

しかし、彼らは全く競争相手のいないビジネスを探し出し、新規参入をして新しい市場を作り出すことを意図しているわけではなく、著書のなかで、ブルーオーシャン戦略は既存市場のなかから新価値市場を創造することと説明している。つまり、現在行っているビジネスにおいて競合他社が真似できない、あるいは真似しにくい差別化戦略を行うことで作り出していく市場のことであり、ブルーオーシャンとはそういった戦略によって作り上げられた市場のことを指している。

ブルーオーシャンは競合他社のいない魅力的な市場ではあるが、競合他社の新規参入などによって、いずれコモディティ化、すなわち商品やサービスの一般化が起こり、レッドオーシャンになってしまう危険性も併せもっている。この意味でも、今日の競争環境がいかに成功が長続きしないものかがわかるだろう。

3．創発型戦略

完璧に実現されることを意図した戦略を計画型戦略と呼ぶ。これ

まで見てきた戦略論は、戦略が計画通りになることを前提に策定されるため、プランニングスクールなどと呼ばれることもある。一方で、創発型戦略（emergent strategy）と呼ばれるものがある。実現された戦略は、実は最初から明確に意図したものではなく、事後的に行動の一つひとつが集積され、そのつど学習する過程で戦略の一貫性やパターンが後から形成されるという考え方である。

　創発型戦略が唱えられるようになった背景には、第一に環境変化の予測不可能性がある。経営環境があまりに複雑すぎるために、戦略を当初の計画通りには実行できない。第二に、計画を立てたとしてもその計画通りに実行できず、そればかりか経営計画は常に修正を迫られることになる。そもそも戦略は、常に変化する経営環境の

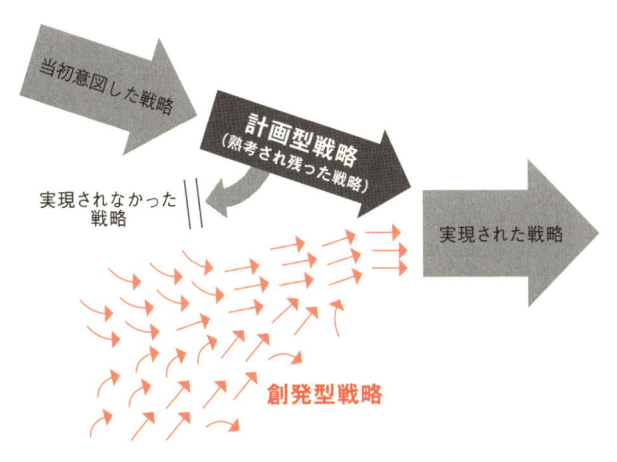

図 15　計画型戦略と創発型戦略
注：H. ミンツバーグ＝B. アルストランド＝J. ランペル『戦略サ
　　ファリ—戦略マネジメント・ガイドブック』（木村充・奥澤朋
　　美・山口あけも訳）東洋経済新報社、1999 年、13 ページをも
　　とに作成

もと、組織が「学習する」なかで、少しずつ姿を表すものだという考え方がある。創発型戦略は、そうした変化を取り込みながら現実的な戦略を説明するものである。

ミンツバーグ（Henry Mintzberg：1939-）は、「意図した戦略」と「実現された戦略」とに分け、当初から意図した戦略が実現した場合を計画（熟考）型戦略（deliberate strategy）と呼び、当初に意図しなかった戦略が実現した場合を創発型戦略と呼んだ。計画型戦略はどちらかというとトップダウン的な要素が強く、反対に創発型戦略は現場の自主的な意思決定や行動が尊重される（図15）。

すべて計画的で全く学習のない戦略はほとんどない。反対に、すべて創発的でコントロールの全くない戦略もない。現実的な戦略はすべてこの２つを併せもつものとなる。つまり、学習しながらも計画的にコントロールするのである。別の言い方をすれば、戦略は計画的に策定されると同時に、創発的に形成されるものということになる。

４．経営戦略の策定

■経営戦略の３つのレベル

企業における経営戦略は、企業レベルの戦略として全社戦略、事業レベルの戦略として事業戦略、そして職能レベルの戦略として機能別（職能別）戦略の３つに階層的に分類される。

全社戦略とは、自社の持続的な競争的地位を確保するために企業が目指すべき方向に向けて全社的な資源配分を行っていくことと、

定義づけられる。企業全体のあるべき姿に向かって、いかなる事業分野で活動するべきか、そして経営資源を各事業にどのように配分していくかを検討するものである。次に**事業戦略**とは、企業が実際に展開している事業や製品、市場においていかに競争優位性を確保するかを考えていくものである。また**機能別（職能別）戦略**とは、生産やマーケティング、研究開発などの各職能分野で、いかに効率的に経営資源を活用していくかを検討するものである。

　企業ではまず全社戦略が策定され、企業目的達成のための手段として用いられる。経営戦略としての全社戦略の重要性を示唆した**アンゾフ**は、経営戦略の構成要素として、①製品-市場ミックス、②成長ベクトル、③競争優位性、④シナジー効果、の４つをあげ、戦略的意思決定の重要性を示唆した。戦略的意思決定とは、企業が具体的にどのような製品や市場で戦うかに関する意思決定のことであり、自社にとっての事業領域を**ドメイン**（domain）と呼んだ。

　アンゾフによれば、企業は自ら決定したドメインにおいて事業を展開していくとともに、ライバル企業との競争もそのドメインのなかで展開されるとした。現在の事業領域がどこにあるのかを明確にし、将来の成長の方向性もドメインによって発信していくことで、企業の社会的存在意義を認知させることを可能にするのである。たとえば、どんなビジネスに参入すべきかを考えたり、事業のポートフォリオや経営資源の有効配分などを検討する。

　企業全体の舵取りを考えるのが全社戦略であるのに対して、企業の成長と発展の手段として、展開する個々の事業において、いかに競争優位を構築するかを目的として策定するのが事業戦略である。事業戦略は一つの特定事業にかかわる戦略のことであり、いかにし

て競合他社に勝るだけの価値を市場や顧客ターゲットに提供できるか、という点が中心的課題となることから、一般的に**競争戦略**と同じ意味で考えられている。全社戦略よりも、より鮮明に標的とする市場や競合相手が見えてくるので、それらを分析し、具体的にその市場のニーズを満たす方法や競合相手との差別的優位性の構築方法を検討することができる。

　そして、事業戦略を策定したのち、全社戦略や事業戦略を実行に移していくために、職能組織ごとの具体的な戦略となる機能別（職能別）戦略が策定される。たとえば、研究開発部、人事部、財務部、経理部、製造部、マーケティング部などの職能分野ごとの戦略である。

　経営戦略には３つのレベルがあるが、あくまでも概念上の区分に

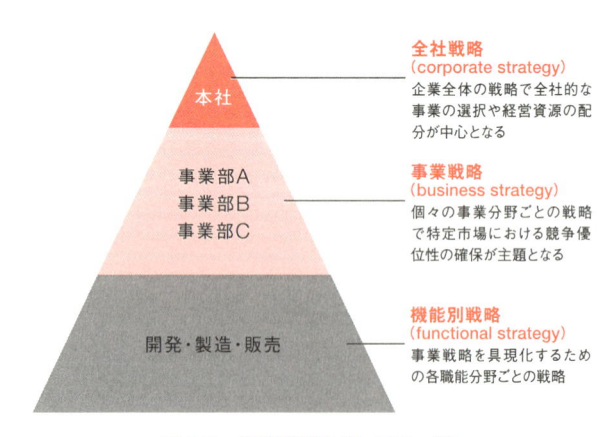

図16　経営戦略の３つのレベル
注：グローバルタスクフォース編著『通勤大学 MBA (7) ストラ
　　テジー』総合法令出版、2002 年、27 ページをもとに作成

すぎない。実際の企業経営では、3つのレベルを縦断するような経営課題が生じることが多い。たとえば、海外戦略は全社的な問題であるが、一つの事業部の戦略とされる場合が多かったり、技術開発戦略は機能別戦略としてではなく、全社戦略の中核に位置づけられている企業もある（図16）。

5．マーケティングの基本概念

■機能別戦略のなかのマーケティング

　経営戦略の3つのレベルのうち、機能別戦略のなかのマーケティングを最後に取りあげておきたい。企業において、マーケティングは人事や製造・販売、研究開発などの企業活動の一つという意味で、機能別戦略ととらえられている。しかしながらマーケティングの重要性は、一機能別戦略以上の役割をもつほどに大きな影響力をもっている。

　「作れば売れる」という時代はとうの昔に去り、今日ではモノが売れず、多くの市場は成熟化、飽和状態のなかで、企業はいかにして顧客が喜んで購入してくれる製品やサービスを提供するかを考えていく必要性に迫られている。この問題に取り組んできた学問分野がマーケティング論である。この分野で大きな影響力をもつ**コトラー**（Philip Kotler：1931-）は、マーケティングを「価値を創造し、提供し、他の人々と交換することを通じて、個人や集団が必要とし、欲求するものを満たす社会的、経営的過程」と定義づけた。つまり、人々は常に何か満たされていない状態（ニーズ）のなかで、それを満

たす特定のものが欲しい（ウォンツ）と考えている。コトラーはニーズを満たしうる製品やサービスをそれらがもつ価値とコストなどから判断して、ウォンツを満たす活動をマーケティングであると説明したのである。

■マーケティングのプロセス

　次にマーケティングにおける基本プロセスを 3 つのステップで整理してみよう。

ステップ 1：環境分析

　環境分析は外部環境分析と内部環境分析とがある。

①外部環境分析

　外部環境分析は、世の中の大きな流れをとらえたマクロ環境と業界内のミクロ環境のそれぞれを分析する。前者には PEST 分析、後者には 3C 分析などが用いられる。

　PEST 分析とは、4 つの要素の頭文字をとって名づけられた分析手法で、P ＝ Politics（政治）、E ＝ Economy（経済）、S ＝ Society（社会・ライフスタイル）、T ＝ Technology（技術）という 4 つの分野にマクロ環境を分割して、自社が受ける影響を分析していく手法である。それぞれの要素は以下の通り。

　P（Politics）：政治・法律面からの分析。法律改正・政権交代・外交など

　E（Economy）：経済面からの分析。経済成長率・個人消費の動向・株価や金利・為替相場の推移など

　S（Society）：社会・ライフスタイル面からの分析。人口動態・文化の変遷・教育・犯罪など

T（Technology）：技術面からの分析。新技術の開発や投資・M＆A（合併・買収）など

また **3C分析** とは、分析するべき対象の頭文字をとった分析手法であり、3つのCとは「Customer」「Competitor」「Company」であり、それぞれ顧客・競合企業・自社の分析を行っていく。

②内部環境分析

自社がもっている経営資源「ヒト・モノ・カネ・情報」がどのような状態にあるのかを分析する。ちなみに企業の置かれている状況と、今後の環境変化について予測・分析するフレームワークとして、先に述べた **SWOT分析** が用いられる。

ステップ2：市場の選定

企業のもっている経営資源は有限であるがゆえに、自社の強みを活かすことができる市場の選定は重要な意思決定となる。市場の選定には3つのプロセスがある。

①**セグメンテーション**（segmentation）……市場の細分化

セグメンテーションとは、不特定多数の顧客をマーケティング戦略上で同質と考えられる小集団に区分けすることを意味する。セグメンテーションの基準は以下のような要素が考えられる。

　・地理的基準……地域、人口密度、気候
　・人口統計学的基準……年齢、性別、家族構成、職業
　・心理学的基準……社会階層、ライフスタイル、性格
　・行動基準……購買状況、使用頻度、使用状況、ロイヤルティ

②**ターゲティング**（targeting）……セグメントの選択

ターゲティングとは、切り分けられた市場セグメントに対して、

魅力度を評価し、自社が狙うべきセグメントを選定することを指す。セグメントを評価するときは、「規模と成長性」「構造的に収益性が高いか否か」「自社の戦略や保有するリソースとの整合性があるか」の3つの基準で行われる。

③ポジショニング（positioning）……位置づけ

　ポジショニングとは、選定したセグメントに対して、競争相手よりも魅力的であることを示すために、差別化を図り、自社に対してどのようなイメージを抱かせるかを決定することを指す。たとえば、値引きには対応せず高品質な製品によってブランドとしてのイメージを構築するといったことが考えられる。ポジショニングでは、対照的な差別化ポイントを2軸で図示するポジショニングマップが活用される。たとえば、縦軸に「高品質・高価格／低品質・低価格」、横軸に「量販店／専門店」といったポジショニングマップが作成できる。

ステップ3：マーケティングミックス

　自社の狙うべきポジションが明らかになったら、次はそのポジションを確立するためにマーケティングミックスを構築する。これは企業がコントロールすることができる4つの要素から成り立っている。すなわち、「商品計画」（Product）・「価格設定」（Price）・「販売の経路」（Place）・「販売促進」（Promotion）それぞれの頭文字から4Pと呼ばれる。

①Product（商品計画）

　商品計画を指す言葉。つまり、どうやってお客様の要望を満たす商品を作るか、どうやって売れる商品を作るか、ヒット商品を作る

ためにはどうするか、ということを指す。市場調査やプロダクトライフサイクルなどから検討される。

②Price（価格設定）

価格設定のなかには、いくらで売るか、つまり販売価格だけではなく、いくらで作るか、原価はどうするか、といったことも含んでいる。コストと利益によって検討される。

③Place（販売の経路）

流通や市場戦略を指す言葉。流通戦略は商品を必要なときに必要な量を必要な場所に的確に送り届け、顧客に買ってもらうまでの経路を対象としている。さらに顧客に届けるだけではなく、商品を作るための材料を入手する手段の検討として物流戦略も含まれる。たとえば、メーカー→代理店（インターネット）→消費者、の最適な流通経路を検討することを意味している。

④Promotion（販売促進）

販売促進のための広告、宣伝活動を指す言葉。この販売促進は、顧客に商品の存在を知ってもらい、購入意欲を起こさせるためのさまざまなものが含まれる。クチコミやちらし、CMなどがある。

　以上、3つのステップでマーケティングプロセスを整理してきたが、そもそも関心のない人のバリアを破っていくのは非常に難しい。いかにして関心のない人の気を引き、購買行動にまで結びつけるか、これを消費者の心理プロセスから説明したAIDMAの法則というのがある。

　「注意」（Attention）を引きつけ、「興味」（Interest）をもたせ、「欲求」（Desire）を感じさせ、「記憶」（Memory）してもらい、「行動」

（Action）に引き込めば購入に近づくというものだ。1920 年代にアメリカで提唱された AIDMA の法則は、現代のネットや SNS の登場で前提が崩壊したともいわれている。情報が簡単に手に入る現代社会では、そもそも消費者が商品に関する知識をもっていないという前提が崩れてしまったことが背景にある。

　そもそも経営戦略が議論されはじめたのは、1960 年代に入ってからといわれている。時代の変化のなかでマーケティングの役割は変化しているが、今なおホットなテーマであることに変わりはない。それは、マーケティングが本質的にもつ意味、すなわち「企業と消費者の間にある潜在的なニーズを顕在化させるのに寄与するあらゆる活動のこと」を指しており、企業と消費者というプレイヤーが存在する限り、ニーズとウォンツの探求は尽きないといえる。

第5章

経営資源の管理

　「企業組織は生き物である」とたとえられることがある。生き物は持続・発展していくことが必然であり、生き物としての企業は多様化する経営環境に対応することで存続している存在といえる。そのため、企業はヒト・モノ・カネ・情報といった経営資源を調達し、これらを有効活用すべく企業内部にインプットしながら製品やサービスをアウトプットする。つまり経営資源とは、経営活動をするうえでの必要な資源や能力のことであり、経営資源の管理も経営者の重要な仕事の一つといえる。

　経営資源の質と量はその企業の競争優位性の源泉となる。見方を変えると、ペンローズが指摘するように「組織の成長は資源に依存する」ということになるだろう。興味深いのは、知識や技術、組織文化、ブランドイメージなどの見えざる資産の総体としての情報資源の独自性である。情報資源は組織学習の結果、蓄積される資源であり、模倣が難しい分、その会社独自の競争力の源泉となる。こうした企業の中核となる強みのことをコア・コンピタンスと呼んだり、組織能力ととらえたりするが、こうした見えざる資源の可能性に着目し、組織内外でオープンに経営資源を共有していくような経営資源管理の方向性が待たれるのはいうまでもない。

　この章では、新旧の資源管理からはじまり、情報資源の蓄積・利

用から組織学習およびイノベーション、さらにはオープンイノベーションと経営資源の関係性に言及することで、経営資源が企業戦略をも左右することを学んでいきたい。

1．経営資源と経営環境

　企業は、ヒト・モノ・カネ、すなわち労働力、設備・資材、資金、情報といった経営資源を調達し、これらを使って製品やサービスを作り出し、消費者に届けるという経営活動を行う組織体である。一連の経営活動は、企業の置かれている経営環境の影響を大きく受けることになる。企業の存続・発展を左右する経営環境には大別して以下の5つがあげられる。

①経済環境

　経済全体の及ぼす影響のこと。経済環境を構成するのは、消費者・競争相手・金融機関など他の経済主体であり、それらの相互関係から生じる複雑な経済現象が経営活動に大きく影響を与える。消費者ニーズの変化、新しい企業による参入や他の産業による代替製品の開発、産業構造の変化、競争のグローバル化などがあげられる。

②政治環境

　国や自治体による産業政策が企業に与える影響のことを指す。それは規制という制約要因だけではなく、規制緩和や助成という促進要因としても作用する。政府と企業の関係、労使にかかわる法改正、地域社会の問題など、その項目は広範囲に及ぶ。国内に限らず国際政治情勢の変化も経営制度に変革を迫るほどの力をもっている。

③技術環境

　科学技術の進歩による設備やシステムの高度化、多様化による影響のこと。科学技術の進歩は新製品や新素材、新しい生産方式、新事業を生み出す。発展の速度が速く、組織にとって大きな影響力をもった要因といえる。

④社会文化環境

　ある社会における共通の価値観やものの考え方、慣習、行動様式などのこと。マイノリティグループの平等性、機会平等に対する女性の要求、仕事や余暇のパターンの変化、個人や家族に対する都市化の影響、道徳の衰退、人口動態の変化などがあげられる。これらは国や地域、世代によっても考え方が異なる。昨今では文化圏の異なる国際的な経営活動展開の場面で重要性が高まっている。たとえば、他国に進出した企業が現地の社会文化環境と自国の文化とをどのように融合させるのかといった問題は、グローバル経営のなかで大きな課題となっている。

⑤自然環境

　それ自体では主体性をもたないが、破壊されるに及んで重要性が認識されるもの。たとえば地球温暖化や化石燃料の枯渇、生物多様性の破壊といった問題から地球を守る取り組みが拡大している。企業も地球環境のエコロジーシステムの一部を構成しているという考え方をもとに、経済活動と環境対策を同時に実現していこうとする取り組みが多くの企業で進められている。

　このように企業の外部を取り巻く経営環境は、それぞれが個別に存在しているのではなく、相互に関連し合いながらさまざまな影響

を企業に与えている。こうした影響要因にどのように対応するかは、企業が経営環境をどのように認識しているかにかかっている。

多様な経営環境のもと、企業は自社の経営資源を有効に活用しながら、存続・発展を追求している。すなわち経営資源とは経営活動をするうえで必要な資源や能力のことであり、経営資源の管理も経営者の重要な仕事といえる。

代表的な3つの経営資源はヒト・モノ・カネであるといわれている。

①ヒト資源……単純労働をはじめ高度な専門技能に至るまでのさまざまな用役（サービス）の担い手

②モノ資源……企業が保有する物財、たとえば生産設備など

③カネ資源……資金

かつては企業を取り巻く経営環境を考慮せずに、企業組織を外部に対して閉鎖的なクローズドシステム（closed system）と見ていたが、今日の経営では、企業が環境の変化に適応していくことは自明のことであり、この意味で環境に対してオープンシステム（open system）の立場をとっている。たとえば、労働人口の減少や景気変動、新技術の開発などの変化が生じたときに、企業はそれに反応して自らの内部構造を変化させながら経営活動を続けている。もちろん、経営環境の変化に対して受け身の態度でいるというのではなく、積極的に環境に働きかけて環境を変化させることもある。このように、企業は経営環境と相互作用を及ぼし合い、保有する経営資源を有効活用しながら、主体的に存続していく存在なのである。

２．経営資源の集合体としての企業

　企業がどのような経営資源をどれくらい蓄積してきたのか、すなわち経営資源の量と質は、その企業の組織能力や競争優位性を決定づける。アメリカ生まれのイギリス人女性経済学者の**ペンローズ**（Edith Elura Tilton Penrose : 1914-1996）は、企業が成長するプロセスを組織とその組織が保有する経営資源からはじめて定式化した人物として有名である。彼女は1959年に主著『企業成長の理論』（*The Theory of the Growth of the Firm*）を著し、経営資源をもとに企業の成長をとらえ、企業を生産資源の集合体と位置づけた。彼女の研究は今日の経営戦略論の大きな潮流となっている**資源ベース理論**（resource based theory）の源流になるなど、経済学および経営学の双方に大きな影響を与えた。

　ペンローズは、生産資源として３つをあげている。第一に物的資源には、工場や生産設備、土地、天然資源、原材料、資金などがある。第二に人的資源には、熟練技能者や財務・法律・技術・経営などに精通したスタッフなどがある。第三に組織学習を通じて獲得された知識や技術、ブランド、知的財産などがある。第三の無形の資源は第二の人的資源に含まれる場合もあるが、いずれにせよこの物的資源と人的資源を結合し、さまざまな用役（サービス）を提供することが企業活動の基本であるとした。

　彼女の基本テーマは、「企業の成長は何によってもたらされるか」ということの追求であった。この問いに対してペンローズは、組織の成長は資源に依存しているとした。つまり、企業の成長は未利用

経営資源の有効活用の過程であるとし、多角化や垂直的統合、吸収・合併などによる企業の成長過程の理論化を図ったといわれている。たとえば、資金に余裕があり、技術的基盤を拡張するために他社の買収が可能であっても、拡大する組織を管理する用役がなければ、買収は見合わせざるをえない。こうしたことからも、資源バランスを崩す組織拡大はありえず、資源の保有は組織の能力に依存する。同時に組織の拡大は保有する資源に依存するとして、企業成長つまり資源の増大に伴い経営者の役割が重要になってくる点を強調している。

こうした身の丈サイズの経営は、イギリスの経済学者シューマッハー（Ernst Friedrich "Fritz" Schumacher：1911–1977）の『スモールイズビューティフル』（*Small is Beautiful*）のなかでも強調されている。彼は人間にとって基本的に必要なことの一つは、自分の道徳心に従って行動できることとし、拡大・成長だけを狙う企業のなかでは、このような行動をとることは非常に難しいという。まして企業の規模が大きくなればなるほど困難度は増すので、管理上のルールや規定を最小限に抑え、起きた問題は現場でひざを突き合わせて解決できるように、組織の単位を身の丈に合わせることを主張し、過度の資源保有による拡大や成長を追求する必要はなく、適正な規模を保つことができればよいと考えている。

加えて、ペンローズの説明を理解するうえで重要なのは、用役（サービス）は資源から生み出される、すなわちサービスと資源の違いである。用途や機能とは独立して存在している資源からサービスは生み出されるが、同じタイプの資源から異なるサービスが生み出される点で企業の差別化が生まれるというのがペンローズの考え方

である。

　以上のように、ペンローズによる企業成長の理論は、組織と経営資源の相補的関係を明らかにしたといえる。一方、企業の成長過程を経営資源との関係で説明することに成功したものの、企業競争のなかでどのような資源が必要で、そのために企業はどうすべきかについての考えには至っておらず、そこにペンローズ理論の限界点が存在している。

３．資源管理の新潮流

■情報資源の有用性

　企業が価値ある財やサービスを生み出すためには、ヒト・モノ・カネといった経営資源に加えて、情報と呼ばれる資源も必要となる。経営資源としての情報は、企業が経営活動のなかで獲得してきた知識、技術、組織文化、ブランドイメージなど見えざる資産の総体のことである。情報資源は、外部の市場から購入することが困難な場合が多く、たとえば社内に蓄積されたノウハウは長い時間をかけて築きあげられてきたものであり、簡単に外部から買えるものではないし、真似できるものでもない。ゆえにその企業独自の競争力の源泉になるといえる。

　この見えざる資産としての情報資源の特徴を伊丹敬之（1945-）は２つあげている。一つ目は「多重利用性」で、同時に複数の人が利用可能である点である。人的資源や物的資源はいったん使うと他には利用できないが、技術などの情報資源は、同時に複数の事業や製

品に活用することができる。二つ目は、使っても減少せず、むしろ使えば使うほど新しい情報が他の情報と結合しながら派生してくるという点である。情報資源は日常の業務を通じて現場に自然に蓄積され、経験的な知識や技術、ノウハウとして身についていく性質がある。したがって、企業は部門間交流を活発化させ、情報共有を意識的に図ることで、効率よく資源管理をすることが可能になり、企業の競争優位性を確立しやすくする。

■コア・コンピタンスの獲得

　コア・コンピタンス（core competence）とは、企業の中核となる強みのことをいう。ハメル（Gary Hamel：1954-）＝プラハラード（Coimbatore Krishnarao Prahalad：1941-2010）という2人の研究者によって1990年に提唱された。彼らの問題意識は、1970年代から1980年代にかけて、日本企業のなかでも自動車と家電産業がアメリカ市場でシェアを急激に伸ばしていったのはなぜか、という点にあった。

　当初アメリカでは、日本企業の低賃金による価格競争力によるものと考えられていた。しかし、円高が進んでもなお日本製品の価格は据え置かれたまま、競争力を維持し続けたという。そこでハメルとプラハラードが着目したのが、日本企業のマネジメントだった。日本企業の多くが、事業部間の情報共有を頻繁に行い、技術を複合的に組み合わせて、製品開発を行っていたという。つまり、日本企業は特別な経営資源をもっているというのではなく、むしろ平凡な経営資源を組織内で上手に使いこなす能力があり、そこからコア・コンピタンスという概念を主張するに至った。

　特別な技術といった経営資源が競争優位性をもたらすのであれば、

それを凌駕する技術を開発すれば優位に立つことができる。しかし、平凡な技術を上手に使いこなす能力は真似をすることは難しい。生み出される製品そのものではなく、製品そのものを生み出す際の核になる技術（要素技術）と、それを用いて製品化するスキルに注目した戦略策定に着目するというのがコア・コンピタンスの考え方なのである。

　ハメル＝プラハラードはコア・コンピタンスの実例として、ホンダのエンジン技術、ソニーの小型化技術、シャープの液晶技術などをあげている。今日では、富士フイルムもコア・コンピタンスの活用によって業界をシフトさせることに成功した企業の好例といえる。富士フイルムはその名前のように主にカメラフィルムを取り扱っていた企業だったが、デジタルカメラやスマートフォンの発達によりフィルムの売上が激減していった。ところが、富士フイルムはフィルム製造で培ってきた微粒子を制御する技術を、医療や化粧品に応用することで業界をシフトしていった。すなわち、この技術こそ富士フイルムのコア・コンピタンスといえる。

　このようにコア・コンピタンスは、一見すると技術志向が強い。しかし技術だけでは、新市場は開拓できない。潜在的な市場ニーズを察知する営業、マーケティング、使い勝手のよい製品に仕上げる設計力、品質のよい部品を安く調達する購買力、新商品を普及させる流通力、など組織に蓄積されたさまざまな「能力」が合成されてはじめて、革新的な市場創造が可能となるのはいうまでもない。そうであるならば、コア・コンピタンスというよりは、組織能力 (organizational capability) というとらえ方の方が、適切ではないかという見解が出てきても何ら不思議はない。

ボストンコンサルティンググループ（BCG）の「組織能力の重要性」調査の結果（2012）によれば、好業績になりやすい企業では、リーダーシップの遂行と部門を超えた協力体制の構築が業績と相関があることがわかっている。つまり、組織能力としての有能なリーダーシップと部門を超えた従業員の協力体制が組織の成功を導くコア・コンピタンスとなっているといえる。

■資源ベース理論

1980年代に、競争優位の源泉が企業の経営資源や組織能力によって決まるという議論が盛んになった。経営資源をベースに戦略を考える視点を、リソースベースドビュー（resource-based view）あるいは資源アプローチと呼ぶ。持続的な競争優位性を保つためには、価値があり（Value）、希少であり（Rarity）、模倣困難で（Imitability）、それらを活用する組織能力がある（Organization）という4要素が必要不可欠であり、これらにもとづいて経営資源の活用を考える枠組みを、バーニー（Jay B. Barney：1954-）はそれぞれの頭文字をとってVRIOフレームワーク（VRIO framework）と呼んだ。

企業が競争優位性を保てるかどうかは、企業の経営資源やそれを活用できる能力としてのケイパビリティ（capability）にかかっている。特に、このケイパビリティは他社が真似することが難しいため、競争優位性の源泉になると考えられる。簡単にいえば、必要な経営資源の確保はお金で解決できたとしても、それを活用する能力であるケイパビリティは別という考え方である。1990年代なかばから、他社に真似できない自社の中核的な能力を、コア・コンピタンスと呼んだハメル＝プラハラードの経営資源に対する考え方もVRIOが意

図するところと共通している。

■知識創造の考え方

　近年、情報資源のなかでも知識に注目が集まっている。経営学の領域において多大な影響を与えた**ドラッカー**（Peter Ferdinand Drucker：1909–2005）は、「新しい経済においては、知識は単に伝統的生産要素としての労働、資本、土地と並ぶもう一つの資源というより、ただ一つの意味ある資源である」とさえいっている。経営資源として知識を取りあげ、これをマネジメントの対象に据える理論が日本でも生まれた。それは**野中郁次郎**（1935–）らによる**知識創造理論**であり、新しい知識は、形式知と暗黙知の相互作用を通じて創造されるとした。もともと**暗黙知**とは、ブダペスト生まれの科学哲学者である**ポランニー**（Michael Polanyi：1891–1976）が打ち出した概念である。「われわれは言葉にできるより多くのことを知ることができる」（We can know more than we can tell.）という有名な言葉をポランニーは残している。つまり言語化されていない、不可視の知識を暗黙知と呼んだ。一方で文書やマニュアルによって見える化された知識が形式知と呼ばれるものとなる。暗黙知と形式知の変換のプロセスをモデル化したのが、知識創造理論といえる。企業にとって重要なことは、知識を創造するための組織能力の構築であると述べている。

　たとえば企業内で、熟練技能者が長い時間をかけて経験的に身につけた勘やコツなどの経験知は、きわめて個人的なものである。しかしこの経験知を共有したり、明確なコンセプトに表すことで、組織内に共有、拡大することが可能になったとき、お金やモノ、設備

といった「見える資源」以上に、これらの「見えざる資源」は企業の競争力の源泉として強力な経営資源となりうる。なぜなら、「見えざる資源」としての知識は、そこで働く人々の経験のなかに蓄積されるとともに、「見えない」という性質ゆえに組織の外部からは把握しにくいものだからである。知識創造企業では、現場の経験から生まれる暗黙知が組織に広がり、再び個人の暗黙知を豊かにするというスパイラルなプロセスの構築が重要視されるのである。

4．情報資源の功罪

■情報処理装置としての組織

　知識をはじめとする見えざる資源としての情報への関心はますます拡大しつつある。しかし複雑で不確実な経営環境の側にある膨大な情報のどれを組織内に取り込み、経営資源として活用していくかは、企業にとって大変大きな問題である。こうした状況を見て、サイモンは組織を「情報処理システム」ととらえた。サイモンによると、組織は環境の不確実性（uncertainty）に対処するために、組織内外の情報を効率的に収集、蓄積、整理したうえで意思決定を行う情報処理システムと考えられている。また、経済学者のガルブレイスによれば、組織とは情報の多義性を除去する装置である、と定義されている。多義性とは、組織にとって未知だったり、あいまいな情報のことを指している。この多義性を取り除くために組織が作られるといってもよいだろう。

　このように環境の複雑性（complexity）にシステムとしての組織が

対処していくという考え方は、社会学者の**ルーマン**（Niklas Luhman：1927-1998）が**複雑性の縮減**メカニズムで説明している。環境が複雑であればあるほど、経営組織は複雑性を縮減するために、自らの内部構造を複雑化する必要性が生じる。組織が環境の側にある情報の多義性や複雑性を処理する能力を拡大することで、情報処理装置として企業が扱うことのできる情報資源も拡大、すなわち複雑性の縮減が可能になるといえる。

　最近では、不確実性や多義性、複雑性といった概念よりも、組織内の個人がもつ多様性を活かすことで、いかに創造性を生み出していくかといった点に関心が集まっている。たとえば「クリエイティブ・クラス」と呼ばれる新しい価値観を共有する人材が社会をリードすると主張したフロリダ（Richard Florida：1957-）や、その流れに賛同する *Free Agent Nation*（邦訳『フリーエージェント社会の到来—「雇われない生き方」は何を変えるか』）の著者、ピンク（Daniel H. Pink：1964-）らがあげられる。こうした流れは、イノベーションを創造したり、あるいはリードしていく**知識労働者（ナレッジ・ワーカー）**に対する新しい解釈ともいえるだろう。

■イノベーションとイノベーションのジレンマ

　イノベーション（innovation）は革新や技術革新と訳されることもあるが、新しい技術のみならず製品やサービス、ビジネスモデルに至るまで、さまざまな場面で新しい価値を創造することを意味している。イノベーションという言葉は、オーストリアの経済学者**シュンペーター**（Joseph Alois Schumpeter：1883-1950）によってはじめて定義された。彼の著書『経済発展の理論』のなかで、経済成長を惹起

するのは企業家（アントレプレナー）による新結合（ニューコンビネーション）だとし、この新結合こそがイノベーションであると述べている。つまりイノベーションとは、新しいものを生産する、あるいは既存のものを新しい方法で生産することを指す。イノベーションの例としては、①創造的活動による新製品開発、②新生産方法の導入、③新マーケットの開拓、④新たな資源の獲得、⑤組織改革などがあげられる。つまり、イノベーションとは技術革新にとどまるものではなく、新しいビジネスモデル創造や新しい市場の開拓も含んでいるといえる。

　イノベーションが求められる仕事には2つの特徴が見られる。一つ目は、イノベーションが単純な肉体労働ではなく、ひらめきやアイディアを生み出す知識創造活動であるという点、二つ目は、高い不確実性を伴う活動であるという点である。新製品や新技術の開発は、それまで世の中になかったものを生み出すゆえに、過去のデータが存在しないうえに、将来の成功を予測することもできないという不確実性に直面することになる。このようにイノベーションは、不確実性の高い知識創造活動という特徴をもつのである。

　イノベーションには持続的イノベーションと破壊的イノベーションの2つの種類がある。持続的イノベーションは、既存の市場のメインとなる層を対象としたもので、既存の顧客が求めている製品やサービスを提供するべく、性能や技術、機能、デザインを改良させるものである。持続的イノベーションによって生み出される商品は洗練された製品であることが多く、高性能かつ高価格な特徴をもち、安定的な利益を生み出すことができるために、主に大企業が得意とするイノベーションといわれている。

　一方、破壊的イノベーションは低価格・低機能だが市場を一変させる破壊的技術によって高い利便性が期待できるという特徴をもっている。投入されたばかりの時期は売上や利益が立ちにくいものの、技術の向上により一気にシェアを拡大できる可能性がある。今まで注目されなかった市場や、そもそも創造されていない市場に対して、既存の顧客が求めていないものや、まだ市場にない製品やサービスで勝負するので、中小企業やベンチャー企業でも大企業に市場競争で勝てる可能性がある。

　大企業ではこの破壊的イノベーションが起きにくいといわれている。その理由は、大企業は既存市場のメイン層に対して市場調査を行い、常に今あるサービスや製品を既存の顧客が求める方向へ発展させることで成長してきたからだ。このように大企業が破壊的イノベーションを起こしづらい体質になってしまうことをイノベーションのジレンマと呼ぶ。

　イノベーションのジレンマ（innovator's dilemma）とは、ハーバード・ビジネススクールの**クリステンセン**（Clayton Magleby Christensen：1952-）が提唱したイノベーション分野における理論の一つで、業界のなかで確固たる地位を築いた大企業が、既存製品の改良ばかりに注力するあまり、顧客の真の需要を見誤り、失敗するという考え方である。つまり経済合理性に合った持続的イノベーションにばかり集中しているがゆえに陥りやすく、破壊的イノベーションが起きてしまうと既存企業に莫大な損失や代償が発生すると考えられる。彼は主に大企業がこうしたジレンマに陥る理由を3つあげている。

　第一に、破壊的な技術は製品の性能を低下させる。当初の段階で、

既存技術で成功している大手企業の多くは、破壊的な技術に関心は低い。しかし安価で低性能な技術が市場規模の拡大により既存市場に広がり既存技術を凌駕する破壊的技術になることがある。たとえば、デジタルカメラの登場では、画質など性能で劣るデジタルカメラに対してフィルムカメラのメーカーは、この技術に関心を払わなかった。しかし、それまで大手企業が競ってきた画質という要素を顧客がそれほど重視しなくなり、むしろ手ブレ防止などの利便性を高く評価するようになった結果、フィルムカメラはデジタルカメラに主役の座を追われ、さらに今日ではデジタルカメラの座もスマートフォンに奪われる構図が顕著となっている。

　第二に、技術の進歩のペースは市場の需要を上回ることがあるという点である。技術が市場の需要を上回っているにもかかわらず、大企業はハイエンドな技術をさらに持続的に向上させることを止められない。そのため新たに開発した技術に、市場は関心をもたないばかりか、性能が低くても顧客の需要を満たす新たな技術をもった新規企業に市場を奪われることになってしまう。

　第三に、企業は顧客と投資家に資源を依存しており、大口顧客が求める商品開発を投資家からも期待されていることは、企業がどのような投資を魅力的と考えるかに重大な影響を与える。破壊的技術が低価格で利益率が低い、あるいは市場規模が小さいなど、既存の技術で成功している大企業にとって魅力が感じられず、参入のタイミングを見逃してしまう。また未知の市場では、過去のデータが存在しないために投資回収率の観点からも大企業は進出に慎重にならざるをえない。

　このような点から、革新的な技術やビジネスモデルで従来の企業

を打ち破った企業であっても、ひとたび大企業になると革新性を失ってしまう状態や、さらに最先端の技術開発をしても成功に結びつかない状態をクリステンセンはイノベーションのジレンマと呼んだ。

■情報資源の活用とオープンイノベーション

　先にも述べたように、情報資源は複数の人と共有することで競争状況に必要な情報集積が高まる。この性質を利用すれば、企業はおのずと部門間交流を活発化させ、情報共有を積極的に図り、新しい価値を市場に送り出す。こうした企業のプロセスを知識創造やイノベーションと呼ぶが、企業内に蓄積された情報資源は**組織学習**の結果、得られたものといえる。

　一方で、組織学習の結果蓄積された情報資源は、そこから得られた成功体験が大きければ大きいほど抜け出すことが困難になる。すなわち**学習棄却（アンラーニング）**が行われにくくなり、イノベーションのジレンマもそこから生まれてくると考えられる。組織学習の結果として蓄積される情報資源は、「もろ刃のつるぎ」ゆえに、経営管理の視点からは、情報という資源の蓄積と利用について議論を深めなければならないのである。

　ドラッカーがいうように、肉体労働者の管理から**知識労働者**の管理へ移るなか、知識労働者が生み出す知識を、他の知識労働者が利用しながら新たな生産物が生み出される今日、オープンイノベーションのような考え方も重要性を増している。

　オープンイノベーションは、2000 年代初頭にハーバード・ビジネススクールの**チェスブロウ**（Henry William Chesbrough：1956–）によっ

て提唱された。彼は「組織内部のイノベーションを促進するために、意図的かつ積極的に内部と外部の技術やアイディアなどの資源の流出入を活用し、その結果組織内で創出したイノベーションを組織外に展開する市場機会を増やすこと」と定義し、企業が社内資源のみに頼らず、他社や大学、公的研究機関、社会起業家など、広く社外から技術やアイディアを集めて組み合わせ、革新的なビジネスモデルや製品・サービスの創出へとつなげるイノベーションの重要性を主張した。競争環境が激しさを増すなか、世界中に広がる経営資源を積極的に活用して革新を促すオープンイノベーションは、企業にとって必須の戦略といえる。

　たとえば、インターネット出現前は特定の人間だけが技術や情報を独占し、それこそが価値だったが、インターネットの時代ではオープンイノベーションが前提となる。新しい製品や技術は全くのゼロからは生まれない。世界のどこかで発明が生まれたのならば、すぐに共有し、その上に新しい発明を積み重ねる方が技術の進化は早くなる。誰かが新しいプログラムコードやツールを作ったのであれば、それを公開したうえで皆で改良したり、新しい組み合わせを考えたりして、さらに新しいものを作るというオープンな発想は、従来の情報の囲い込みとは正反対の考え方である。

　製品のライフサイクルが短くなり、従来よりも短期間に新製品を市場に送り込むことを求められ、かつ「時間をかけてもよい商品を」という時代の感覚が薄れ技術がコモディティ化する現在、自社ですべてをまかなうことが難しい経営環境のなかで、組織外の多様な主体とオープンに経営資源を共有していくような資源管理が、今後一層求められるようになるだろう。一方で、経営資源をオープン

にすることに対する経営者の否定的なマインドの問題や、いざ実践する際のオープンイノベーションの進め方の問題など、課題も多いのが実状である。

第6章

組 織 文 化

　組織文化は経営にユニークさと創造力を生み出し、目に見えない秩序を与えるものである。同じような経営資源を利用して競争する複数の企業があっても、その成果に違いが生まれる理由は、組織文化の違いによって説明できる場合がある。組織メンバーが知らず知らずのうちに影響を受ける組織文化は、企業の独自性の源泉となり、結果として競争優位性をもたらすのである。

　組織文化の定義のなかでおそらく最も影響力が大きいのは、シャインによる「共有化された基本的仮定」だろう。基本的仮定とは価値観や信念のことを指しており、目には見えないが、さまざまな部分からその組織のもつ固有の文化を推し量ることが可能である。

　また、組織文化は企業組織に積極的な機能を果たすことがわかっている。それは第一に企業の独自性やユニークさの源泉になること、第二に命令に依らないソフトな管理機能が発揮されること、第三にメンバーのモチベーションを高めることである。

　たしかに強い組織文化は経営活動に揺るぎない一貫性をもたらすことができる。しかし、強すぎる組織文化は重大な逆機能を引き起こし、活動の阻害要因になってしまうことも指摘されている。強い組織文化がもたらすデメリットを一言で説明するなら、過剰学習によるものであるといえる。ゆえに組織文化の変革を志向する企業は、

過剰学習を破棄し、学習し続ける組織文化を意識しなければならない。組織文化を変革しようとするときの担い手は、トップによる場合と変革型ミドルによる場合とを、それぞれ紹介する。

1. 組織文化とは

■組織文化の特性

　個人にさまざまな人格があるように、企業組織にもさまざまな性格がある。友好的、親しみやすさ、革新的、あるいは保守的といった特徴は組織にも当てはまる。明確に述べたり定義したりすることは難しいが、組織文化とは組織のメンバーの行動を規定するものであり、これがあることでメンバーの力を同じ方向に向かわせることができる。もしもこのような組織文化をある程度意識的に作り出すことができれば、報酬や罰（アメとムチ）といった強制的な管理でなくても、人々をある方向に向かわせることができるようになるだろう。

　組織文化は全部で7つの主要特性から形成されているといわれている。

　①革新およびリスク性向……従業員が革新的で危険を恐れないことがどの程度推奨されているか

　②細部に対する注意……仕事において細部に対する正確さや注意をどの程度期待しているか

　③結果志向……結果に到達する方法やプロセスよりも、結果または成果そのものをどの程度重視しているか

④従業員重視……組織内の従業員への配慮が意思決定においてどの程度重視されているか

⑤チーム重視……個人ではなくチームを中心とした職務の活動がどの程度重視されているか

⑥積極的な態度……これまでよりもよい結果を出そうとする態度や上昇しようとする態度をどの程度評価するか

⑦安定性……成長より現状維持を重視する活動が組織のなかでどの程度強調されているか

■組織文化の定義

組織文化については研究者によってさまざまな定義があるが、シャイン（Edgar Henry Schein：1928-）の定義が代表的である。シャインは組織文化を共有化された基本的仮定（shared assumption）であると定義した。基本的仮定とは、価値観や信念のことであり、直接見ることはできないが、さまざまな部分からその組織のもつ固有の価値や信念を推し量ることは可能である。

シャインは組織文化を目に見える人工物のレベル、目に見えるものと見えないものを含む価値観のレベル、そして全く目に見えない基本的仮定の3つのレベルからなると考えた。

①人工物のレベル

組織文化が体現されている具体的な事物、目に見えたり触ったりすることができるものを指す。たとえば、オフィスのレイアウトや表彰式などの儀式や恒例行事、記章（バッジ）や社歌、制服などである。

②**価値観**のレベル

上で説明した人工物のレベルを支えたり、ときには生み出したりする価値観を指す。組織文化の構成要素としての人工物は、それ自体に意味があるというよりは、それらを通じて組織内の価値観が組織メンバーに伝達されるという点に意味がある。

たとえば役員クラスの重役に個室を与えるというのは、組織内における上下関係や階層を明確にするという価値観を具体化しているし、反対に役員も大部屋を利用するという会社は上下階層よりもフラットな組織や緊密なコミュニケーションと情報共有を尊重する価値観を反映しているといえる。また社是・社訓などは、会社案内などに明文化されており人工物に分類することも可能だが、これらは組織の価値観を表明するという意味で価値観のレベルにあるといえる。

しかし、人工物と価値観は必ずしも一致するわけではなく、ときには矛盾する場合もある。理念に「リスクを恐れず挑戦する」と唱えていても、実際には社員が保守的でリスクを避ける行動をとってしまいがちになるようなときには、理念やビジョンとして示されている価値観とは異なる価値観がメンバーに共有されていると考えられる。こうした価値観に影響を与えているのが以下の基本的仮定である。

③**基本的仮定**のレベル

上の価値観のレベルよりももっと根源的な深いレベルで組織メンバーの思考様式、態度、行動などを規定するものであり、組織内においてはそのことに関する善悪の判断や好きか嫌いかといったことは論じられることなく、当然のこととして受け入れられる。上の価

値観のレベルは、明文化などによりある程度は見える部分があることから自覚された価値観といえるが、基本的仮定は組織メンバーには日常的に意識されることがないので、無意識の価値観ともいえるだろう。

　基本的仮定は、当初意識されていた価値観が次第に無意識のものとなって、意識の底に定着したものの見方といえる。それゆえに組織改革を起こそうとするときには、無意識の価値観である基本的仮定を変えていかなければ変化は望めないことが多い。たとえば多くの人が熱心に残業をする会社では、たくさん働くことがよいメンバーだという信念が染みついているので、残業を減らす施策や組織目標を立てて時短勤務を推奨しても、残業を減らすことはできないといったことがあげられる。基本的仮定のレベルで変革を行わない限り、基本的仮定のレベルに反するような理念や施策、制度を導入しても定着させるのは難しいといえる。

　またシャインの基本的仮定は、組織を協働体系ととらえたバーナードの無関心圏（zone of indifference）の考え方と通じる部分があるように思われる。無関心圏とは誰もがその根拠を疑うことなく許容しうる一定の範囲を示す概念である。バーナードは、一つの命令が権威をもつかどうかの意思決定は、命令の受け手（受令者）の側にあるのであって、命令する側（発令者）にあるのではないとする権限受容説を唱えており、組織のメンバーをある方向に向かわせる際に、組織において権限を首尾よく機能させるために有効になる無関心圏の考え方は、「誰が」あるいは「何が」組織のメンバーをある方向に向かわせるのかの違いはあるものの、シャインの基本的仮定に通じる部分があるといえる。

シャインによる組織文化の定義はよく引用されるが、それ以外に
も組織文化ないし企業文化を定義したものを紹介しておこう。

・道徳ないし道徳準則という概念が組織文化に類似：バーナード

・「製品の品質」や「コストリーダーシップ」のような、組織に
よって信奉される支配的な価値：ディール＝ケネディ（Terrence E.
Deal：1939- and Allan A. Kennedy）

・企業文化とは、制度としての組織の成員に意味を与え、行動の
ルールを提供する、共有された信念および価値のパターンであ
る：デービス（S. M. Davis）

・企業文化とは、企業のメンバーに信じ込まれた価値観と考え方
と行動のパターンとである。それは公式の戦略や公式の組織など
と異なり、組織の構成員の本音であり、実際の行動である：河野
豊弘

・文化というものは、ある一つの集合体に共通して見出せる相互
に関連し合う価値観と行動方法のセットと定義する：コッター＝
ヘスケット（John Paul Kotter：1947- and James L. Heskett：1933-）

いずれの定義も、組織に直接ないし間接的にかかわる人々に、共
通に、しかも暗黙のうちに認識されている価値、規範、信念などの
ことを指しており、意思決定や行動の基準となるものであるという
共通点を見出すことができるだろう。

さらに、組織文化と類似する言葉に、企業風土（corporate culture）
や組織風土がある。組織風土の研究は、自然環境や物理的条件とし
ての気候風土に倣い、組織の雰囲気を客観的に分析することに力点
が置かれてきた。それに対して組織文化は価値観や規範を把握する

ことに努めながら発展してきた。厳密には風土と文化は異なる概念ではあるが、ここでは明確に分類することは重視せず、また実践面でも基本的には同じような意味で使用されるケースも多いことから、組織風土を組織文化のなかに一体化して理解することにしたい。

2．組織文化の機能と逆機能

■組織文化の機能（メリット）

同じような経営資源を利用して競争する複数の企業があっても、その成果に違いが生まれる。この理由は組織文化とも関係している。組織メンバーが知らず知らずのうちに影響を受ける組織文化は、企業の独自性の源泉となり、結果として競争優位性をもたらす。企業のユニークさの源泉になるというのが、第一の組織文化のメリットになる。

組織は価値観をメンバー間で共有しているので、ある一定の枠内で行動することが担保されるゆえに、意思決定におけるメンバーの自主性を尊重できる余地が広がる。意思決定の余地が広がることによって、個人の自発性が高まり、意欲的な取り組みが展開されるようになると考えられる。こうして現場で自発的なイノベーションが生まれやすくなり、企業の独自性が生まれる可能性も高まる。これが企業のユニークさの源泉となるのである。

第二に、ソフトな管理機能が発揮される点である。組織文化が機能している場合、メンバーが適切な行動をとっているかを監視する必要がなくなる。なぜならメンバーに共有されている価値観によっ

て行動がコントロールされるためで、価値観によるコントロールは、罰則や報酬による支配的なコントロールよりも心理的な抵抗感は小さい。つまり罰則や報酬によるハードなコントロールは、常に監視されているという「やらされ感」をメンバーに与えるので、仕事に対するモチベーションを低下させてしまうことも多い。しかし、組織文化による行動のコントロールは、価値観や信念による行動基準にもとづいているので、たとえばマニュアルにはない対処法をメンバーが自発的に考えることができたり、そうした行動様式を無意識的に習得している。ゆえに組織文化による管理は命令に依らずに、ソフトに機能すると考えられる。さらにこうした管理は、不確実な環境下でこそ高い効果を発揮するといわれている。

　第三のメリットは、メンバーのモチベーションを高める機能である。組織文化を共有することで全体的な一体感をもちながら、自分の仕事の全社的な位置づけを確認できるので、自分と同じような価値観をもつ人々のなかで親近感をもちながら、意欲的に仕事に取り組むことができるようになる。こうした組織文化による動機づけは、給料や昇格といった報酬による動機づけに比べて利点がある。なぜなら報酬という動機づけでは、お金や昇進ポストの数に限界がある反面、組織文化にはそのような制約がないので、広く組織メンバーに影響を与えることができるからである。組織文化は、人々の行動を一定の方向に向かわせる機能のみならず、メンバーの積極的な行動を引き出す動機づけの機能も併せもっている。

■組織文化の逆機能（デメリット）

　強い組織文化は、経営活動に揺るぎない一貫性をもたらすことが

できる。しかし、強すぎる組織文化は重大な逆機能を引き起こすことも指摘されている。組織文化がもたらす価値観や規範、思考、行動様式がパターン化・同質化されることで組織内に硬直化を招き、変化する経営環境のなかでうまく適応していくのを妨げる要因になってしまうのである。強い組織文化の逆機能（デメリット）を４点で整理してみよう。

　第一に、強い組織文化がメンバーのものの見方を固定化してしまい、ワンパターンな戦略行動によって競争優位性を失わせる危険性があることである。成功体験の多い企業ほど、組織文化が強化されるのでこの危険性が高まる。

　第二に、強い組織文化が生み出す一貫した企業行動が、メンバーを安住させて問題意識を希薄にしてしまい、慣れ親しんだルーティンワークから抜け出せなくなることである。組織文化が個人の意識を拘束して、その思考と行動でしか活動できない没個性的な会社人間を生み出したりする問題点が指摘されている。

　第三に、強い組織文化がイノベーションの芽を摘み取ってしまうことである。日常の仕事を通じて自発的に生まれてくる新しい試みを潰して「こんなことを提案しても無駄だ」という雰囲気がメンバーに蔓延し、その結果、イノベーションが起きにくい組織を作り出してしまうことにも注意したい。

　第四に、組織文化に縛られた独善的な企業エゴイズムによって、企業の社会性を失わせるといった倫理的な問題を引き起こす危険性があるということである。個人の良心のなかでは問題を感じていたとしても、企業内で疑義を発信する余地がないほどに組織文化が強いことで生じた企業不祥事は少なくない。

3. 組織文化の変革

　ある思考様式に沿った行動が繰り返され、新しい情報や知識の獲得が行われなくなる状態を、**過剰学習** (over learning) という。強い組織文化がもたらすデメリットはこの過剰学習によるものである。ゆえに過剰学習の破棄から組織文化の変革は生まれると考えられる。

　ところが、組織の基本的なパーソナリティである組織文化の変革は容易ではない。特にシャインの基本的仮定、すなわちメンバーに共有された無意識の価値観を短期間で変えるのは、ほとんど不可能に近い。こうした見方があるにもかかわらず、組織文化の変革が議論されるのは、これが企業にとって存続成長の不可欠な条件という現実的な認識があるからといえる。では、組織文化の変革はどのようにして行われるのだろうか。ここでは、トップダウンの変革とボトムアップの変革の2つを紹介したい。

　第一にトップダウンの変革だが、組織文化の変革はトップから開始されるのが一般的である。トップは、組織全体を見渡す立場にあり、変革を判断し、またそれを推進する大きな権限をもつ存在でもある。トップ主導の組織文化変革のメリットは、絶大な権力を背景に改革を短期間に推進できることにある。トップの判断ゆえに、組織内の軋轢を最小限に抑え込むことができる。

　一方デメリットは、トップの在職年数が長くなるほど、社員にいわゆる社長像（自己イメージ）が形成され、トップから新しい提案がなされてもそのイメージでしか理解されなくなる。ゆえに「また社長が面倒なことを言い出した」と社内に白けたムードが漂う場面は

想像に難くない。また、メンバーの賛同が得られても、時間が経つにつれ結局は慣れ親しんだもとのやり方に戻ってしまうことが往々にしてありがちである。

　第二にボトムアップの変革だが、金井壽宏（1954–）は組織内のミドルが変革の担い手（エージェント）として活躍する可能性を主張し、これを変革型ミドルと名づけた。ミドルとは、文字通り組織内のピラミッドの中間に位置し、トップと価値観を共有しつつ、成功体験を全社に普及させる立場にある者のことを指している。トップの決定を上から下に流すだけではなく、より主体的に既存の仕事の進め方に疑問を投げかけて、社内や業界に渦巻く常識にとらわれずにそれらを打ち破る能力がミドルには求められる。さらに変革を実現するために、自らの部下を主体的に参画させ、育成していくとともに、組織内で人的ネットワークを構築し、彼ら／彼女らの力を借りる姿勢をもつことが重要であると述べている。こうしたミドルが変革の担い手になるというのが変革型ミドルの議論のなかで語られている。

　トップにせよミドルにせよ、リーダーが組織文化を変革させるためには、組織文化の定着の段階と、それを受けて組織内で強化されていく段階の２つがある。定着の段階は、リーダーが自分の信念や価値観をメンバーに伝える段階を指す。リーダーが自らの価値観や信念につながる行動を率先してとることで、メンバーに共感を呼び、そこから信念や価値観が受け入れられていくのである。次に、組織文化の強化の仕組みが必要になる。組織の価値観や信念が明文化され、繰り返しメンバーに意識させる仕組みを作ることで、リーダーが組織を去っても新しいメンバーに組織文化を伝えることが可能になる。

　組織文化を変革するのは難しい。しかし裏を返せば、簡単に変わらないからこそ組織の強みになるともいえる。反対に、環境の変化によって既存の組織文化が時代遅れになってしまうと組織の弱みにつながる。このジレンマを回避する一つの方法として、学習し続ける組織文化への変革が有効となるだろう。

　センゲ（Peter Michael Senge：1947-）は、アージリス（Chris Argyris：1923-2013）やショーン（Donald Alan Schön：1930-1997）が最初に提唱した**組織学習**（organizational learning）という理論を発展的に展開し、複雑性や変化が加速する世界に組織がどのように適応しているかを研究し、著書『学習する組織』（*The Fifth Discipline: The Art & Practice of the Learning Organization*）のなかで5つの基本的な構成要素をまとめた。これらを簡単に説明すると、人は旧来の思考方法（①メンタルモデル）をやめ、他人に対してオープンになること（②自己マスタリー）を学び、会社の実際のありよう（③システム思考）を理解し、全員が納得できる計画（④共有ビジョン）を作り、そしてそのビジョン達成のために協力する（⑤チーム学習）と主張した。

　こうして生まれた組織学習の成果は、組織の基本的仮定すなわち組織文化に反映される。一方で基本的仮定の違いが組織行動の違いを生み、組織学習の内容を左右する。すなわち組織文化と組織学習は相互作用を及ぼし合っている関係にある。学習する組織がうまく機能することによって、組織文化は環境変化に適応的な競争優位性を組織にもたらすのである。

第7章

リーダーシップとパワー

　いつの時代も、誰にとっても、リーダーとリーダーシップは大きな関心を呼ぶテーマである。頼れるリーダーにカリスマ的なリーダー、メンバーの能力を引き出してくれるリーダーなど、リーダーシップのスタイルはさまざまあるが、リーダーはなぜ組織を率いる「力」(パワー) をもっているのだろうか。その答えはリーダーシップの諸理論を学ぶことで理解できるだろう。

　本章では、まずリーダーのパワーの源泉について理解したうえで、リーダーシップ理論の変遷をたどる。もともとリーダーシップは生まれながらの資質＝「特性論」と考えられていた。ところがその後、資質ではなく、リーダーの行動に焦点が移り、優れたリーダーの行動を学べば誰もがリーダーシップを発揮できるようになるという「行動論」に焦点が移っていく。このなかでレヴィンやリッカート、三隅らによってさまざまにリーダーシップのスタイルが分類されていった。しかし、普遍的に優れたリーダーシップを探求しようとする考え方自体に限界があるとして、リーダーシップのコンティンジェンシー理論が生まれ、フィードラー理論やハーシー＝ブランチャードの SL 理論などが出てきた。

　こうして展開されてきたリーダーシップ理論は、経済低迷期のなかで「現状変革型リーダーシップ」や「カリスマ的リーダーシッ

プ」「サーバント・リーダーシップ」など、さまざまに裾野を広げて
いくことになる。こうした一連の変遷を俯瞰してみると、リーダー
シップの問題が、実はリーダーとフォロワー（メンバー）双方の問題
であることが理解できるようになり、企業経営のみならず生活のあ
らゆる場面で役立つリーダーシップ理論を習得できるだろう。

１．リーダーシップの役割

■リーダーシップの基本概念

　リーダーシップ（leadership）とは、組織や集団の目的達成のため
に成員の行動に影響を与えるリーダーの行動を意味する。ここで注
目すべきは、組織や集団のメンバー誰もがリーダーシップを発揮す
ることができるということだ。つまり公式の権限をもつ経営者や管
理者、役職者などもリーダーシップを発揮するが、こうした公式的
なリーダーのみに固有のものではない点に注意を払う必要がある。
　1930 年代後半から 1940 年代にかけて確立された**人間関係論**は、
個人の動機づけから管理者のリーダーシップのあり方にも影響を与
えた。管理者の関心を職場の人間関係に向けさせ、人間関係に配慮
したリーダーシップによって居心地のよい職場環境を作り出した。
反面、そうした配慮が高い生産性には必ずしも結びつくものではな
いことも明らかにされている。
　一方、経営者や管理者に付与された**公式権限**の行使による**影響力**
は、地位や肩書きから生じており、本人の個人的な能力から生じて
いるものではない。組織のなかで管理者である上司がリーダーシッ

プを発揮するためには適切な地位権限が付与されていることが必要
となる。しかし地位から得た権限を振りかざすことがリーダーシッ
プではないことも明白である。

　このように公式権限を基盤としながらも、それを超えて発揮され
るプラスアルファの影響力こそが、リーダーシップを理解するうえ
で重要と考えられる。

■パワーの源泉

　ある個人が集団や組織の目標達成に向けて、そのメンバーに影響
力を及ぼすためには、その根底に一種の力や優位性といったものが
必要になる。リーダーシップとは、影響を受ける側がリーダーシッ
プを発揮する側の背後に何らかの力の差や優位性を感じたときに、
成功の確率が高まる。そこで行使されるパワー（power）とは、望む
目的や成果を達成する際の抵抗をはねのけ、意図した反応を導き出
す能力のことを指す。パワーによって、他者に意図した行動をとら
せることができるようになるのである。

　パワーには似たような言葉がたくさん存在する。たとえばオーソ
リティ（authority：権限）や影響力（influence）、権力、権威、威厳など、
あげるときりがないが、ここではそうした「力」の総称をパワーと
呼び、そのなかの要素として権限と影響力とを取りあげることにす
る。

　権限は組織によって公式的に認められたパワーであり、その力が
及ぶ範囲が特定されている。公式的であるがゆえに権限に見合った
責任と義務が付随する。一方影響力は、非公式なパワーであり、
その領域や範囲は不明確となっている。ゆえに影響力は組織のあら

ゆる場所で発生し、誰でもが何らかの影響力をもつ可能性がある。

　権限にせよ影響力にせよ、パワーを生じさせる土台にはさまざまな要素がある。アメリカの社会学者エチオーニ（Amitai Etzioni：1929-）は以下の4つに分類している。

　①強制的パワー……物理的制裁を加える。たとえば弾圧や制裁など

　②報酬パワー……カネやモノといった他者が欲しがる資源を与えるか否かの決定権をもつ

　③知識パワー……情報や知識を支配する

　④規範的パワー……シンボルを操作し、価値観の浸透を図ることで他者の行動を導く力

　また同じようにフレンチ＝レーブン（John R. P. French：1913-1995 and Bertram H. Raven：1926-）による「社会的勢力」（social power）によると、以下の5つにパワーを分類している。

　①報酬パワー（reward power）……報酬＝金銭的なもの、昇格、昇進、賞与、賞賛など

　②強制パワー（coercive power）……もしも従わなければ罰を受けるのではないかという、影響の受け手がもつ予想から生じる勢力。主な罰としては、上司からの叱責や減給、解雇、左遷などの不利益処分など

　③正当権力パワー（legitimate power）……別名、合法的勢力。影響の受け手が「影響の送り手（上司）が影響力を行使する正当な権利を有し、自分はそれに従う義務がある」と感じる場合に成立する

　④準拠パワー（reference power）……人間的魅力をベースにした勢

力。影響の受け手が、送り手に個人的魅力を感じていたり、一体感を抱いている場合に成立する勢力。つまり、尊敬やあこがれを感じる相手には率先して従うといった場合に成立する

⑤専門パワー（expert power）……影響の受け手が「送り手の方が自分より技術や知識、能力などが優れている」と感じるときに成立する勢力

いずれの主張も大別すると2種類のパワーに分類することができる。第一に、エチオーニの①から③、フレンチらの①から③は依存関係がパワーを生み出している点で共通している。相手が欲しがったり、反対に嫌がったりするものを操作できたときにこれらのパワーは成立する。「この人と仲良くしておく方がいい」など打算が強ければその人物に従う可能性は高くなるが、実際に行使すると2度目以降急激にパワーが落ちるのが特徴である。

これに対して、エチオーニの④とフレンチらの④⑤は価値観への共感が深まるほどパワーは強まる。実際の会社では経営哲学や理念、トップのシンボリックなリーダーシップとして発揮されることが多い。

経営におけるパワーは、権力志向で公式権限にもとづく肩書きによるものであるというイメージが強い。しかし、組織成員の積極的な行動を導き出すためには、価値観への共感を呼ぶリーダーシップが欠かせない。

■権限のルーツによるパワーの4分類

影響力の強さの根拠となる権限はどこから生まれるのだろうか。そのルーツの視点から代表的な分類として権限法定説と権限委譲説

を集権的パワー、権限受容説と権限職能説を分散的パワーとして比較してみよう。

　権限法定説では、権限はあたかも法のもとに定められているかのように一方的に上位者から下位者へ下りてくる。また**権限委譲説**では、権限は一部下位者に委譲されるが、多くの権限は上位者が保持したままである。いずれも権限はあらかじめ上位者がもつものと決まっており、一方的に下位者へ下りてくるものと考えられている。上位者が決めたことを下位者はただ遂行するだけで、本来一人ひとりがもちえたはずの自由な思考は必要とされないばかりか、ヒエラルキーにもとづく上位下達の合理的なネットワークが形成され、一部の上位者による一様な価値観が企業内で支配的になってしまう。

　一方、バーナードが主張する権限受容説や、フォレットの権限職能説などに見られる権限説は、上述の権限法定説や権限委譲説とは異なる扱いがなされている。**バーナード**の**権限受容説**によると、権限は上から一方的に下りてくるものではなく、受け取り手側によって受容されたときにはじめて効力を発揮するという説である。権限の主観的・人格的側面を強調し、受け取り手側の意思や価値を尊重した受容ないし同意にもとづいているのであって、権限をもつかどうかの決定は受け取り手側にあり、発信者の側にあるのではないとしている。権限受容説では、リーダーの地位や肩書きではなく、あくまでもフォロワーの意識や価値の尊重によって権限が行使されると考えられる。

　また**フォレット**の**権限職能説**では、権限は仕事を遂行するときに発生するものであり、仕事そのものに権限が帰属するという見方をする。つまり、命令は職長（上司）のような管理者の恣意的な意図・

指令からではなく、仕事それ自体から生ずるものであると考える。その際に問題となるのは責任の所在だが、責任は特定の人ではなく、職能遂行に参画する関係者全員が共同責任をとるとしている。このように権限は職能に帰属するというのがフォレットの主張である。彼女は、さらに「状況の法則」（the law of the situation）を唱え、なすべき仕事は環境や状況から発生するため、問題を発見し、状況に応じた命令を自分自身で考え出すことを手助けするのがリーダーの本質であると考えたのである。

2．リーダーシップ理論の変遷

■リーダーシップの特性論

リーダーシップを発揮できる人は、生まれながらに指導者にふさわしい資質（trait）があるというのが特性論の考え方である。リーダーシップ研究の初期の段階では、こうした発想で研究が行われており、資質論や偉人論などとも呼ばれる。

リーダーシップの研究は、成功した優れたリーダーが兼ね備えている個人的特性を明らかにするところからはじまっている。個人の特性や資質によってリーダーシップを明らかにする研究は、1930年代から1940年代にかけて行われた。たとえば、ストッグディル（Ralph Melvin Stogdill：1904-1978）は、①知性などの一般的能力、②業績、③責任感、④社会的態度、⑤人気、などをリーダーシップの要件にあげた。

しかしその後の研究では、リーダーシップに関連する特性や資質

をいくら列挙しても一貫性のある結果が見られなかった。結果として、個人の特性や資質だけでリーダーシップを説明することは困難であると考えられるようになったのである。こうして、1940 年代の後半から、リーダーシップ研究の焦点は、リーダーシップのスタイルや行動パターンに移っていった。

■リーダーシップの行動論

1940 年代から 1960 年代にかけて、リーダーの生まれもった特定の資質ではなく、その行動に焦点が移っていった。こうした一連の研究はリーダーシップの行動論や類型論と呼ばれている。リーダーシップが生まれもった資質の問題であれば、それを真似することはできない。しかし、行動論では、有効なリーダーシップを発揮するための行動を意識すれば、誰でも有能なリーダーになることができると考える。つまり、教育訓練によって機会が与えられれば、誰もが優れたリーダーシップを発揮できるようになるという考え方にもとづいている。すなわち、優れたリーダーを作り出すことができると考えるのが行動論の特徴といえる。

①レヴィンとリピットのアイオワ研究

　リーダーシップを行動としてとらえた初期の研究者は**レヴィン**（Kurt Lewin：1890–1947）といわれている。アメリカの心理学者レヴィンはリピット（Ronald Lippitt：1914–1986）らとともに、アイオワ大学で行った実験にもとづいて、リーダーシップを 3 つのスタイルに分類した。

　・専制型（独裁型）……リーダーが仕事の仕方のすべてを決定する
　・民主型……仕事のやり方に関してメンバーの意見を取り入れな

がら民主的に運営する

・放任型……メンバーに自由に仕事をさせる

　以上３つのリーダーシップのスタイルに分類したうえで、民主型リーダーが最も有効であるとした。彼らの実験では、10歳の小学生をいくつかのグループに分け、それぞれに指導員をつけて課題を解かせる際に、チーム編成や指導スタイル、課題の質などを変えながら実験を繰り返した。この結果をそのまま一般化することには限界があるものの、レヴィンらの研究はリーダーシップを個人の特性ではなく、スタイルとして類型化し実験を行ったという点で先駆的なものだった。

②リッカートのミシガン研究

　さらにミシガン大学社会調査研究所所長のリッカート（Rensis Likert：1903-1981）は、1961年に組織をシステムとしてとらえ、リーダーシップにかかわる管理システムを４つに分類した。これはミシガン研究と呼ばれている。

・システム１：権威主義・専制型リーダーシップ……徹底した課題志向で、リーダーは部下を信頼せず、命令に一方的に従わせようとし、命令に従わない場合は懲罰を与える

・システム２：温情・専制型リーダーシップ……リーダーは部下をある程度信頼するが、主人と召使いのように見下した関係のなかで恩着せがましいやり方をとる

・システム３：相談型リーダーシップ……リーダーは部下に対し、全面的ではないがかなり信頼を置く

・システム４：集団参加型リーダーシップ……リーダーは部下を全面的に信頼し、意思決定は広く組織全体で行われる。部下のや

る気を引き出すように動機づける

　リッカートはこのなかで、システム4のようなチームワークと相互の信用・信頼に基礎を置く管理スタイルがとられているチームは生産性が高くなる、という結果を得た。このことから、民主主義的なリーダーシップの有効性を主張した。

③オハイオ研究から三隅二不二のPM理論へ

　レヴィンらの古典的なリーダーシップスタイル研究の後、多くの研究が行われたが、それらの多くはリーダーシップのスタイルを2次元で説明しようとするものだった。1945年からオハイオ州立大学で開始され、**オハイオ研究**と呼ばれたリーダーシップ研究では、リーダーの行動の次元を**構造作り**（initiating structure）と**配慮**（consideration）で説明している。「構造作り」とは、メンバーに仕事（タスク）を割り当て、明確な業務水準を示し、規則や手続きに従うよう求めながら、目標達成に必要な仕事の道筋（構造）を明確に示す仕事志向のリーダーの行動である。一方の「配慮」は、部下に人間的な関心を示し、彼らの意見を聞いたり、相談に乗ったり、彼らを支援したりする人間関係重視の行動である。

　この2要因を踏まえて、ブレーク＝ムートン（Robert Rogers Blake：1918-2004 and Jane Srygley Mouton：1930-1987）は横軸に「業績に対する関心」を、縦軸に「人間に対する関心」をとり、これらの2軸からなる**マネジリアルグリッド**（managerial grid）を提示した（図17）。このマネジリアルグリッドは、それぞれの軸を1から9までの目盛りで表し、1が無関心、9が最も高い関心を示している。たとえば、「1・1型」は業績にも人間にも無関心で、巧みに責任を回避しながら消極的にポジションを維持して組織にとどまろうとするリーダー

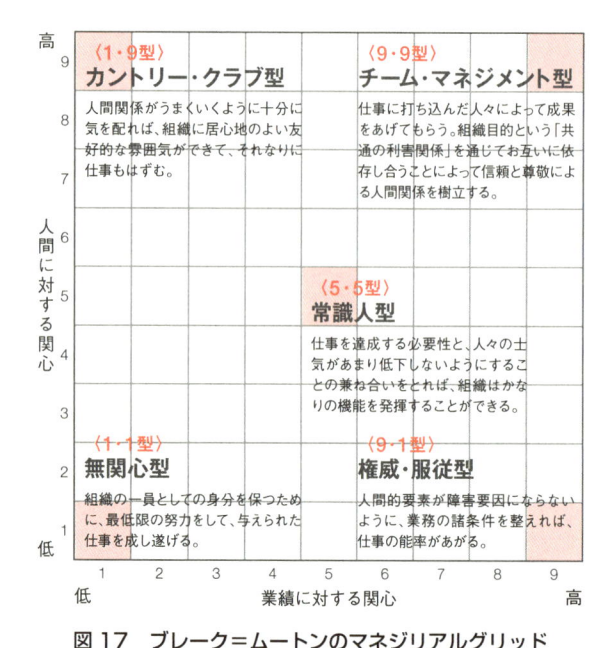

図17　ブレーク＝ムートンのマネジリアルグリッド
注：R. R. ブレーク＝J. S. ムートン『新・期待される管理者
　　像』（田中敏夫・小見山澄子訳）産業能率大学出版部、
　　1979 年、20 ページをもとに作成

を示し、反対に「9・9 型」は業績にも人間にも高い関心をもち、部
下のやる気やアイディアを積極的に引き出して、高い業績目標を達
成しようとするチームマネジメント志向のリーダーを示したうえで
これを理想型とした。

　また日本では<u>三隅二不二</u>（1924–2002）がブレークらの仮説をさら
に発展させた。三隅は 2 軸について、仕事自体に関する次元として
「目標達成機能」を "Performance"（P 機能）、人への配慮に関する
次元として「集団維持機能」を "Maintenance"（M 機能）と呼んで、

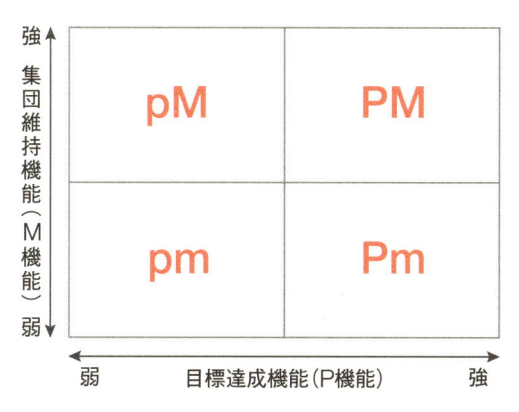

図 18　三隅の PM 理論
注：三隅二不二『リーダーシップ行動の科学（改訂
版）』有斐閣、1984 年、70 ページをもとに作成

両者の頭文字をとって PM 理論と名づけた（図18）。多くのリーダー
の行動や業績を分析するなかで、リーダーシップのスタイルを 4 つ
に分類した。① PM 型（P も M も高い）、② Pm 型（P は高いが M は低
い）、③ pM 型（P は低いが M は高い）、④ pm 型（P も M も低い）という
4 つのタイプに分類し、「PM 型」リーダーのもとで生産性とメン
バーの満足度が高くなることを実証的に明らかにした。

■リーダーシップのコンティンジェンシー理論

　コンティンジェンシー理論（状況適応理論）は、「有効な組織や管理
のあり方は状況によって異なる」という考え方にもとづく研究で、
1970 年代以降に展開されてきた。この考え方をリーダーシップに取
り入れ、状況に応じて有効なリーダーシップのスタイルは異なると
いうのがリーダーシップのコンティンジェンシー理論である。

①フィードラーのモデル

　普遍的に優れたリーダーシップを探求しようとする考え方自体に限界があるとして、リーダーシップのコンティンジェンシー理論を先駆的に研究したのが**フィードラー**（Fred Edward Fiedler：1922-2017）であった。フィードラーはリーダーシップの特性を「一緒に働くのが苦手な同僚」（LPC：Least Preferred Coworker）という指数で計測した。リーダーにかつての仲間のなかで最も一緒に仕事をしたくない人をイメージしてもらい、その人物への好意度を評価し、得点の高い場合を「人間関係志向的で対人配慮ができる関係動機づけ型リーダー」、その反対に得点の低い場合を「目標達成志向的で対人支配的な仕事中心型リーダー」に区分した。おおむね、高 LPC リーダーは人間関係の維持に重点を置き、低 LPC リーダーは業務遂行に重点を置いていると解釈した。

　ところがフィードラーはこの 2 つの解釈のどちらが理想的かというリーダーシップの類型を原因変数ととらえ、これに①集団との関係（リーダーとメンバーの信頼関係）、②仕事の構造化（課題が明確になっているかどうか）、③地位力（リーダーに権限がどの程度与えられているか）という 3 つの状況変数が加わることで、有効なリーダーシップのタイプが導き出されると考えた。

　分析の結果、リーダーとメンバーの関係が良好で、仕事が高度に構造化され、リーダーのパワーも強い「状況の好意性が非常に高い」状況と、反対に「状況の好意性が非常に低い」状況では、「仕事志向」のリーダーが高い成果をあげているのに対して、「状況の好意性が中程度」の状況では、「人間関係志向」のリーダーが高い成果をあげていることが明らかにされた。

②ハーシー＝ブランチャードの SL 理論

　ハーシー（Paul Hersey：1931–2012）＝ブランチャード（Kenneth Hartley Blanchard：1939–）は、メンバーの成熟度の違いによって有効なリーダーの行動タイプも異なるという **SL 理論**（Situational Leadership Theory：状況的リーダーシップ理論）を展開した。この理論は、オハイオ研究にあった「構造作り」と「配慮」という2次元グリッドに「メンバーの成熟度」という状況要因を導入したものになっている。

　メンバーの成熟度を職務遂行能力や意欲・態度などの高低で示した。メンバーの成熟度が低い状況では、高タスク・低関係行動の「指示的リーダーシップ」が有効となる。メンバーの成熟度が少し高くなると高タスク・高関係行動の「説得的リーダーシップ」が有効になり、さらにメンバーの成熟度が高くなると低タスク・高関係行動の「参加的リーダーシップ」が有効になり、メンバーの成熟度が最も高い状況では低タスク・低関係行動の「委任的リーダーシップ」が有効になると説明した。

　SL 理論では、よくできる部下には大いに任せ、未熟な部下には仕事のやり方を徹底して教え込むべきであり、その中間では三隅の主張するP（目標達成）機能もM（集団維持）機能も高いリーダーシップスタイルをとるべきであり、人間的な配慮を示す民主的なリーダーシップスタイルはある程度部下が成熟してから発揮すべきことを示している。

③パス・ゴール理論

　オハイオ研究の流れを汲むハウス（Robert House）は、メンバーが目標（ゴール）を達成するためには、リーダーはどのような道筋（パ

ス）を通ればよいのかを示すことが重要と考えた。つまり、有能な
リーダーは道筋を明確に示して従業員の業務目標の達成を助けるよ
うに働きかけることがその役割と考え、パス・ゴール理論（path-
goal theory of leadership）を 1971 年に提唱した。

　メンバーの目標達成を助けることはリーダーの職務であり、目標
達成に必要な方向性や支援を与えることはメンバーや組織の全体的
な目標にかなうことにつながる。パス・ゴール理論は、直面してい
る業務課題や権限体系、組織体制等の「環境的な要因」と、メン
バーの能力や性格、経験といった「部下の個人的な特性」という 2
つの側面から分析された。これらの組み合わせにより、有効となる
リーダーの行動は変わるとした。そのうえで、リーダーがとりうる
主な行動には、「指示型」「支援型」「参加型」「達成志向型」の 4 つ
のスタイルがあると分類したのである。

　・指示型リーダーシップ……課題志向が高く、メンバーに何を期
　待しているかをはっきり指示し、仕事のスケジュールを設定、仕
　事の達成方法を具体的に指示する
　・支援型リーダーシップ……相互信頼をベースに、メンバーのア
　イディアを尊重し、感情に配慮して気遣いを示す
　・参加型リーダーシップ……決定を下す前にメンバーに相談し、
　彼らの提案を活用する
　・達成志向型リーダーシップ……困難な目標を設定し、メンバー
　に全力を尽くすよう求める

　ハウスは、リーダーの行動が「環境的な要因」に対して過剰で
あったり、「部下の個人的な特性」と調和しない場合にはリーダー
シップは発揮できず、反対にリーダーの行動が条件に適合している

場合にはリーダーシップが発揮されると主張した。さらにリーダーシップの有効性は、リーダーのとる行動によってメンバーが動機づけられるかどうかによると考えた。

④リーダー参加型理論

ブルーム（Victor Harold Vroom：1932–）＝イエットン（Phillip William Yetton：1943–）によって1973年に提唱されたリーダー参加型理論は、さまざまな状況に応じて、メンバーが意思決定にどのような形で、どの程度参加すべきかを判断するうえで従うべき一連の原則を提示したものである。リーダーが一人で意思決定を行うスタイルから、グループで問題を共有し、コンセンサスにより意思決定を行うスタイルまでの条件を示したものの、あまりにも複雑すぎて日常的使用には耐えなかった。

■リーダーシップの新潮流

フィードラーやハーシー＝ブランチャードらによるリーダーシップの状況アプローチ理論ののち、リーダーシップ理論は多様に展開していくことになる。多種多様なアプローチのすべてをここで取りあげることは不可能だが、今日につながるリーダーシップ理論のいくつかを整理してみよう。

まず、1980年代に登場した変革型リーダーシップ理論（transformational leadership）は、アメリカ経済が低迷し、厳しい国際競争にさらされるなかで生まれた。市場の環境変化が著しく複雑性を増してくるなかで、コッター（John Paul Kotter：1947–）は企業がさらに発展するために必要とされる変革を永続的に実現するためには、リーダーの掲げるビジョンを共有して社員の能力を引き出し、組織学習を促

表5　コッターによるマネジメントとリーダーシップの違い

マネジメント	リーダーシップ
〈複雑な状況にうまく対処する〉	〈変化に対応し、変革を起こす〉
①計画と予算の策定	①方向性（ビジョン）の設定
②組織編成と人員配置	②人心の統合
③統制と問題解決	③動機づけ

注：J. P. コッター『リーダーシップ論—人と組織を動かす能力（第2版）』
（DIAMOND ハーバード・ビジネス・レビュー編集部・黒田由貴子・有
賀裕子訳）ダイヤモンド社、2012年、43-58ページをもとに作成

進することが必要であると主張した。こうしたコッターのリーダー
シップ論は代表的な変革型リーダーシップ理論の一つとして1988
年に発表された。彼はリーダーシップとマネジメントの違いを整理
し（表5）、変革の時代に必要なのはリーダーシップであると強調し
た。そして、リーダーシップにおける最も重要な要素を「リーダー
の掲げるビジョン」であるとした。

　コッターによれば、マネジメント機能とは与えられた目的を効率
的に実行すること、つまりは「ものごとを適切に実行する」(do
things right) ことであり、他方、リーダーシップ機能とは新たな目的
を掲げて変革すること、すなわち「適切なことを実行する」(do
right things) ことと主張している。

　さらに1986年にティシー（Noel M. Tichy : 1945-）が唱えた現状変
革型リーダー論（the transformational leader）も変革型リーダーシップ
理論の一つといわれている。ティシーは、ゼネラルエレクトリック
社（GE）のコンサルタントとして、同社のクロトンビル経営開発研
究所所長を務め、偉大な経営者であるウェルチのリーダーシップに
も多大な影響を与えた人物でもある。

　コッターのリーダーシップ理論と同様、ティシーは日常業務や
ルール通りの管理を行うマネジャーではなく、変革を実行するリー
ダーのあり方を明確に定義した。そのうえで、リーダーが組織のあ
らゆる階層に存在し、リーダー自らが次世代のリーダーを生み出し
ていく仕組み作りが大切であるという「リーダーシップ・エンジ
ン」(leadership engine) という概念を主張し、継続的に変革を起こす
リーダーの育成ができる企業こそが競争優位性を保つことができる
と主張した。

　変革型リーダーシップの理論は、その後、1992 年にナナス (Burt
Nanus：1936–) の提唱したビジョナリー・リーダーシップ (visionary
leadership) 理論として、ビジョンの創造と実現がリーダーの最も重
要な行動要件であるとされた。

　一方、リーダーの側ではなくフォロワーの側に着目したリーダー
シップ理論も出現している。どんなに優れたビジョンを掲げたリー
ダーであったとしても、フォロワーが「ついていきたい」と思える
ようなリーダーでなければ、リーダーシップを発揮することはでき
ないからである。

　変化とイノベーションを導く変革型リーダーシップの議論は、日
本では金井壽宏 (1954–) が著書『変革型ミドルの探求』のなかで、
ミドル層にこそ求められるものであると唱えた。

　時代は少しさかのぼるが、セルズニック (Philip Selznick：1919–
2010) は、組織全体に共有されたミッション (使命) にもとづく価値
観によって、フォロワーの行動のベクトルを合わせる制度的リー
ダーシップという概念を打ち出した。組織を変えることは難しいが、
行動や意思決定の枠組みとしてフォロワーに共有された価値として

の制度（institution）を提示し、また制度にもとづく行動の結果、フォロワーに対立が起きたときは、対話や議論を通じて制度それ自体を見直すことも理論に組み込んだのである。ミッションを提示してフォロワーのコミットメントを引き出せるようになると、組織は制度に変わる。これを実現するのが制度的リーダーの役割とセルズニックは考えたのである。そうした意味では、セルズニックの制度的リーダーシップはミッション型のリーダーシップでもあり、またフォロワーのコミットメントにもとづくリーダーシップともいえるだろう。

フォロワー指向型のリーダーシップには、グリーンリーフ（Robert K. Greenleaf：1904-1990）による「サーバント・リーダーシップ」や、マンツ（Charles C. Manz：1952-）の「セルフリーダーシップ」（1983）、ケリー（Robert Kelly：1972-）の「フォロワーシップ理論」（1993）などがある。まずグリーンリーフの「サーバント・リーダーシップ」は、リーダーの側が自分たちに奉仕する、尽くしてくれると思うときに、フォロワーは自然についてくるというリーダーシップを意味しており、それにはしっかりとしたミッションや価値観を示す重要性が含まれており、文字通りにサーバントを「召使い」ととらえる以上のメンバーのコミットメントを得たリーダーシップを意図している。

マンツの「セルフリーダーシップ」は、フォロワーが自分たちでやっていけると思ってもらえるようなお膳立てができるリーダーを推奨し、自分で自分を引っ張り上げられるセルフリーダーシップを重視した。さらにセルフリーダーシップに導くリーダーをスーパーリーダーとして区別した。

　最後にケリーは「フォロワーシップ理論」でうまくフォロワーシップがとれることが、将来うまくリーダーシップをとれる条件になると考えた。フォロワーの方が積極的かつ前向きに仕事に取り組み、リードしているという気にさせて、フォロワーも責任の当事者として依存的ではなく自律的なフォロワーシップを発揮することがリーダーシップにつながるという逆転の発想からリーダーシップをとらえた。

　時代はやや前後するが、**創発型戦略**でも取りあげた**ミンツバーグ**は、1973年に『マネジャーの仕事』を発表している。文字通りマネジャーの仕事に関する研究であり、このなかでミンツバーグは組織におけるマネジャーの仕事を3つの体系からなる10の役割で列挙したのである。第一に「対人役割」として、①組織の象徴としての「フィギュアヘッド」、②外部とのネットワークを築く「リエゾン」、③組織の「リーダー」の役割である。第二に「情報役割」として、④情報を探索する「モニター」、⑤組織内に伝える「周知伝達者」、⑥外部に発信する「スポークスマン」の役割である。第三に「意思決定役割」として、⑦組織を変革する「企業家」、⑧脅威に立ち向かう「障害処理者」、⑨方向づける「資源配分者」、⑩利益に向けた「交渉者」の役割である。

　ミンツバーグはマネジメントの現場に飛び込み、組織のリーダーとしてのマネジャーの行動をつぶさに観察する研究手法から、合理的なデータ分析ではなく現場感覚の直観にもとづき、マネジャーの仕事を総合的な視点で描き出した。その姿勢は過度の分析主義からくる**行き過ぎた合理性**批判と、マネジメントにおける人間感覚への回帰として、分析偏重の現代のマネジメントに対して、直観と分析

のバランスの重要性を説いており、この意味でより現実的なマネジャーの役割を提示しているといえる。

3．実践につなげるリーダーシップ

　リーダーシップの理論ほど、わたしたちの実践に近い経営学はないのではないだろうか。日頃わたしたちは会社や学校などでリーダーシップに触れる機会は多い。またさまざまな場面で自分がリーダーシップを発揮する場面も存在する。日本の経営学者の金井も『リーダーシップ入門』のなかで「理論のための理論は、むなしい。実践につながってこそ役に立つ理論だ」と述べているように、これまで整理してきたリーダーシップの「理論」から飛び出し、現実世界での実践につながるいくつかのヒントを、理論と実践の融合から抽出してみよう。

　経営の現場において、リーダーといって最初に思い浮かぶのは会社の経営者すなわち社長ではないだろうか。社長のリーダーシップといってもさまざまなスタイルがあるが、名経営者として語り継がれるリーダーのリーダーシップには人々を惹きつける魅力があるといえる。

　たとえば「クロネコヤマトの宅急便」の生みの親であるヤマト運輸の創業者・小倉昌男（1924-2005）は今日でも語り継がれる経営者の一人である。宅配便の規制緩和をめぐり、一新興企業だったヤマト運輸が運輸省（現・国土交通省）と郵政省（現・日本郵政グループ）という巨大な官庁を相手に対立した際に、企業のトップとして先頭に立ち、「儲からない」といわれた個人宅配の市場を切り拓き、「宅急

便」によって人々の生活の常識を変えただけではなく、強い決断力でビジネスの常識も変えた人物である。

　小倉は『小倉昌男　経営学』(1999) のなかで、経営リーダーの条件を 10 の要素で説明している。①論理的思考、②時代の風を読む、③戦略的思考、④攻めの経営、⑤行政に頼らぬ自立の精神、⑥政治に頼るな、自助努力あるのみ、⑦マスコミとのよい関係、⑧明るい性格、⑨身銭を切ること、⑩高い倫理観である。

　これらの経営リーダーの条件は、小倉が経営者としての経験から独自に生み出した持論であり、誰にとっても普遍的に役立つ「理論」とはいえない。しかし、リーダーシップを学びたい人々にとっては、普遍的理論以上に具体的であり、取り組みやすいものといえる。しかしこのことは、リーダーシップにおいて、経験と理論のいずれかが重要だということを意味しているわけではない。偉大なリーダーの経験則を生きた教材としながら、普遍的で抽象的な理論とかけ合わせていくことで、誰もがリーダーシップを学び、実践できるようになるというメッセージとして受け取るべきと考えられる。

第8章

モチベーション（動機づけ）

　経営学の歴史において、1930年代に登場した人間関係論はそれまでの経営管理に大きな転換を促した。つまりそれまでの科学的管理法で考えられていた金銭やその他の物的条件だけでは、組織内のメンバーを動機づけられないことが調査から明らかにされたのである。人々のやる気を引き出し、組織目標の達成に向かわせるにはどうしたらいいのか、また人々が魅力的に感じて動機づけられる要因にはどのようなものがあるのか、こうした問いが心理学や社会学、人類学、生物学にまで広がり、モチベーションの議論は学際的に展開されてきた。

　人間関係論以降のモチベーション理論の流れをたどると、アメリカで生まれた行動科学が組織行動論として経営学に持ち込まれ、その中核として人間関係論を批判的に継承した人間資源アプローチが生まれ、マクレガー、ハーズバーグらが登場した。なかでもマズローの欲求五段階説はよく知られている。その後もモチベーションの理論は欲求理論や期待理論、内発的動機づけ、公平理論など、さまざまに展開されながら今日に至っている。

　動機づけの議論が今なお重視されるのは、組織のメンバーが高いモチベーションをもって生きいきと仕事をし、能力を最大限に発揮できる組織作りをすることで、労働生産性や人材の定着率が高まり、

ひいては組織の創造性が高まることで企業の継続的な発展につなが
るからである。

1．動機づけ要因の探求

■動機づけ要因とは

　組織をマネジメントしていくうえで、人々をいかにしてやる気に
させるかは、経営管理において大変重要なテーマである。組織はヒ
トによって構成されており、そのメンバーを、何によって、またど
のように、動機づけるかは企業経営を左右するものになることは容
易に想像がつくだろう。

　ヒトをやる気にさせる要因のことをインセンティブというが、こ
のインセンティブは基本的には組織からヒトに与えられるもので、
ヒトがもつ欲求を刺激することによってやる気に影響を及ぼす。こ
うした組織とヒト（個人）とのやり取りをバーナードは誘因と貢献
という社会的相互作用のなかでとらえた。つまり組織が誘因を個人
に与えることで、個人は組織に貢献しようとする。問題は、組織は
個人から最大の貢献を引き出すためにどのような誘因を与えるかと
いうことになる。

　最もわかりやすい動機づけ要因として報酬がある。給料や賞与と
いった給与のような経済的報酬は多ければ多いほど仕事への意欲が
強くなる。また会社内での地位や肩書き、同僚からの賞賛も努力の
結果として手に入れようとしているのであれば、その人にとって報
酬となる。さらに仕事の達成感や自己成長といった心理的満足感も、

無形の内的報酬となる。

　職場の人間関係も動機づけ要因となる。職場にフォーマルな仕事関係がある一方で、インフォーマルな人間関係が生まれ、このインフォーマル（非公式）組織によってむしろ動機づけられることも多い。社会的存在としてのヒトである以上、孤立状態よりは同僚や上司と良好な関係にある方が、安定した心理状態のなかで仕事にも取り組みやすい。特に日本企業では、集団で相互依存的に仕事を遂行する傾向が強く、職場の人間関係が仕事への意欲や能率に大きく影響を及ぼすと考えられている。

　さらに管理者のリーダーシップも動機づけ要因となる。管理者が部下に対してどのようなリーダーシップをとるかは、部下の仕事への意欲に影響を与える。たとえば、部下に対して専制的な態度をとり細かく仕事の指示を与える管理者と、部下の自主性を尊重して仕事を任せる管理者とでは、明らかにモチベーションに差異が生じる。

　このように組織メンバーの動機づけ要因はさまざまに存在する。これらを的確に把握して、持続的に意欲的行動を導き出すことが組織運営の成否を分けると考えられる。

■ホーソン実験からの知見

　テイラーらの活躍した科学的管理の時代においては、作業者を高い賃金を求めて働く経済人とみなして、賃金制度を中心とした動機づけの方策がとられてきた。たとえば差別出来高賃金制はきわめて刺激的な経済的報酬制度ではあったが、この動機づけは人間性を度外視していることからも作業者からは歓迎されず、一般に普及するまでには至らなかった。その後、人間関係論の登場により、組織の

人間観は**社会人（自然人）**に変化し、そこでの動機づけも職場の人間関係の安定を図る方策に変わっていった。

　経営組織における人間関係の問題に新しい視点を展開していったのは、**メイヨー**や**レスリスバーガー**が**ホーソン実験**から導き出した**人間関係論**である。当初の実験目的だった物理的環境条件の変化を生産効率と関連づけようとした試みは見事に失敗に終わったものの、そこから作業者の生産効率は物理的環境条件よりも、作業者の心理的・情緒的要因に大きく依存することを突き止めた。すなわち**非公式組織**の影響力が大きいとする人間関係論が誕生し、それまでの経営管理に大きな転換を促した。

　経営組織は、経済目的を達成するために設計された職務体系としてフォーマルな（公式）組織を形成している。そこでは、命令と服従、コミュニケーションの伝達、権限委譲、といった関係性が存在し、規則や組織図によって明示的に人間関係が表される。ところが、ホーソン実験で明らかにされたように、組織はフォーマルな人間関係以外の側面を併せもっている。組織のメンバーは仕事を超えた親密な人間関係をもち、**公式組織**とは別に、人間的感情にもとづいて自然発生的に形成された**非公式組織**にも所属しているのである。

　公式組織は能率や効率という論理的な価値基準によって支えられているが、非公式組織は感情にもとづく非論理的な価値体系をもち、それがメンバーの行動決定の大きな要因となる。非公式組織は、①組織に所属しているという満足感や安心感を生み出す、②メンバーに協働に向かう態度や意欲、すなわち意欲的態度を引き出す高い**モラール**を決定づける、という2つの機能を果たしている。

　以上のことから、人間関係論に立脚した動機づけでは、職場で自

然発生的に成立する非公式組織に着目し、そこで発生する良好な人間関係にメンバーを適応させるとともに、公式組織と非公式組織を調和させて、モラールの高揚を図ることが求められている。

　しかし人間関係論は経営管理に新しい視点をもたらしたものの、直接仕事に結びついた動機づけではないことが限界点として指摘されている。実際に、人間関係が過度に良好であることがかえって能率の低下を招く場合もある。そこで仕事に結びついた主体的人間の働く意欲を取りあげていこうとする考え方が次第に有力になってきた。

2．組織行動論のなかの動機づけ理論

　動機づけ理論は 1950 年代に大きく発展した。この時期に考え出された 3 つの理論は、今日でも従業員の動機づけの説明をするための最も有力な理論として、動機づけ理論の基礎となっている。その 3 つの理論とは、マズローの欲求五段階説、マクレガーの X 理論と Y 理論、そしてハーズバーグの動機づけ衛生理論である。以下で詳しく見ていくことにしたい。

■マズローの欲求五段階説

　動機づけ理論のなかで、おそらく最もよく知られているのがアメリカの心理学者マズロー（Abraham Harold Maslow：1908–1970）の欲求五段階説であろう（図 19）。マズローによれば、人間は常に何か欲求をもつ生き物であり、完全に満足な状態に達することはないと考えた。一つの欲求が満たされると次の欲求が沸き起こり、いつでも何

図19　マズローの欲求五段階説

かを欲求し続け、それが動機となって行動する。そうした人間の欲求を階層的に考え、基本的には低次から高次に５段階で構成したのである。

①生理的欲求（physiological needs）……食物、水、睡眠など人間の生存にかかわる生理的な欲求

②安全欲求（safety needs）……安全ないし安定した状態を求め、危険や恐怖といった物理的、精神的な障害を回避したいという欲求

③所属と愛情の欲求（belongings and love needs）……他者との愛情に満ちた関係をもちたいという欲求で、帰属意識や受容、友情などを求める社会的欲求

④尊厳欲求（esteem needs）……自尊心に関する欲求で、達成感や

正当性、熟練、能力、自信といった自己を確立する欲求と、地位や名声、注目といった将来を受け入れる欲求である

⑤**自己実現欲求**（needs for self-actualization）……自分がなれるものになりたいという欲求。自己の潜在能力を達成したい、自己実現をしたいという欲求

これら５つの欲求は、一つの欲求が満たされると次の段階の欲求が優勢になり、欲求が階層を上昇する。そしてどの欲求も満たされてしまった後は、もはや動機づけとはならないと考えた。たとえばホーソン実験を中心とする人間関係論をマズローの欲求階層に照らしてみると、所属と愛情の欲求を希求する人間の側面から組織成員の行動を解明したものと考えられる。この所属と愛情の欲求は、生理的欲求や安全欲求が満たされた人々にとっては魅力的な動機づけとなるが、より高次の尊厳欲求や自己実現欲求を求める人々にとっては、もはや動機づけの要因とはなりえない。なぜならば、人間の欲求は満足によって次のより高次の欲求に向かっていくものだからである。

しかも仕事を遂行する組織の動機づけの管理を考えたときに、仕事に直接関係のない人的環境に動機づけ要因を求めるのではなく、仕事に関連のある動機づけ要因を見出していかなければならない。こうした意味で、人間関係論に立脚した動機づけは、いわゆる仲良しグループ重視の温情主義にすぎないという批判は免れない。

それでもマズローの欲求五段階説が広く受け入れられたのは、第一に人間が欲望の生き物であることから出発している点にある。本能的欲求をもち、同時に自己を統制したり学習したりしながら最終的には自己を実現しようとする欲求をもつ存在であることを説明し

たことが、直感的に理解しやすいものだったからといえる。第二に人間の欲求を立体的かつシンプルに整理している点にある。マズローは欲求を、段階を追って表れるものと考え、各欲求が満たされると次の欲求が表れてくると考えたのである。

　しかしながら、マズローの欲求五段階説にはさまざまな批判もある。なぜこの5つの欲求が選ばれたのか、欲求は必ずしも低次の欲求から高次の欲求に移行するものではない、といった批判にさらされた。こうした批判があるものの、経営管理に大きな影響を与えた理論であることは間違いない。それは次のマクレガーの理論に典型的に見ることができるだろう。

■マクレガーのX理論・Y理論

　アメリカの心理学者マクレガー（Douglas Murray McGregor：1906-1964）は、人間を基本的に否定的にとらえる見方をX理論、肯定的にとらえる見方をY理論と名づけ、これら2つの人間観をもとに部下に対する管理者の行動を提案した。

①X理論

　X理論では以下のような人間観に立っている。

・普通の人間は生来仕事が嫌いで、できることなら仕事はしたくないと思っている

・仕事が嫌いなので、たいていの人間は強制されたり、統制されたり、命令されたり、処罰されると脅されなければ目標達成するための力を出さない

・普通の人間は命令される方が好きで、責任を回避したり、あまり野心をもたず、何よりも安全を重視している

　組織メンバーをこのような前提でとらえるならば、彼ら／彼女らを目標達成に向かわせるためには、権限による統制しかありえない。X理論では、権限を背景にした命令・統制による管理が展開されるため、組織は階層の原則に従って伝統的な管理が行われる。しかしマクレガーはこのようなX理論が古い人間観であると明言している。

②Y理論

　マクレガーはマズローの欲求五段階説を結びつけながら、高次の欲求をもつ人間観に立脚した管理をY理論と呼んで、以下のような人間観を前提とした。

　・人間は生まれつき仕事をすることをいとわない。条件次第で仕事は満足の源にもなり、懲罰の源とも受け取られる

　・外から統制したり、脅したりしなくても、人は自分が進んで身を委ねた目標のためには自ら進んで働くものである

　・進んで働く人は責任を引き受けるし、創意工夫をして問題解決に働きかける

　こうした人間観をもとにマクレガーは、組織の管理能力の向上と個人の欲求充足を結合させる試みを行ったのである。すなわちY理論によって、メンバーが組織の目標達成に努力し、各自の目標を成し遂げられるような条件を作ることを説いた。その具体的な方法として目標による管理（MBO：Management By Objectives）をあげている。

　X理論の「統制による管理」では、メンバーは職務記述書に従って割り当てられた目標を上司の監督のもとで実行し、結果を上司に報告して評価を受ける。これに対してY理論による「目標による管理」では、個人の意思、判断、想像力を仕事上で確認し、これらを

実現して満足を得る過程であり、そこでの上司は部下に対する助言者であるとともに、組織目標と個人目標の調整者となる。自律的に職務遂行するメンバーに対して、高次の欲求を充足する環境条件を提供する役割を要請されているのである。

　経営学が誕生し、科学的管理法が有効であった時代は、業績をきっちり評価するハードマネジメント（厳しい管理）が求められた。これによってフォードシステムに代表されるような社会的な富をもたらす時代が到来し、個人の生活が安定してくると、今度は仲間とうまくやりたいとする「社会的欲求」が大きくなっていった。こうしたなかでメイヨーらの人間関係論が脚光を浴び、職場の人間関係といった非公式組織を重視するソフトマネジメント（甘い管理）が生まれた。ところが職場の人間関係がうまくいっても、職場は仲良し集団の場ではない。そこで自ら進んで仕事に取り組む「自己実現欲求」のような高次の欲求をもつ人間が増え、Y理論の人間観に立って、自主的に目標を定め、自分で業績評価する管理方式＝目標による管理が必要だとマクレガーは主張したのである（表6）。

■ハーズバーグの動機づけ衛生理論

　動機づけ衛生理論は二要因理論とも呼ばれ、アメリカの心理学者ハーズバーグ（Frederick Herzberg：1923-2000）が提唱したものである。彼は職務に関連した動機づけが妥当であることを一層明確にした。

　ハーズバーグはピッツバーグ市内の会計士と技師に、仕事について満足を味わえる、あるいは不満を感じるのはどういう状況のときかを尋ね、それらを分析した。その結果、職務満足の要因と職務不満足の要因が別であるという結論を得た。そして職務満足を与える

表6　マクレガーの X 理論と Y 理論の比較

	X 理論	Y 理論
人間観	人間は生まれながらに仕事が嫌い 強制・命令されなければ働かない 命令される方がよい 責任はとりたくない	人間は生まれながらに仕事が好き 命令されなくても進んで仕事に取り組む 自ら創意工夫をする 自分の仕事の責任は積極的にとる
管理方法	伝統的管理（人間に対する不信が根底にある） 　・ハードマネジメント（厳しい管理） 　・ソフトマネジメント（甘い管理） 　・ハードとソフトの組み合わせ（アメとムチ）	目標による管理（信頼ベース） 　・自主的な目標管理 　・自己管理 業績の自己評価 　・自己啓発
前提	生理的欲求・安全欲求・社会的要求の満足 科学的管理法や人間関係論	自我の欲求・自己実現欲求の満足 業績主義と人間主義の統合

注：井原久光『テキスト経営学（第3版）』ミネルヴァ書房、2008年、145ページをもとに作成

要因を**動機づけ要因**、職務不満足を与える要因を**衛生要因**と名づけた。

　ハーズバーグによれば、職務満足につながる要因は、仕事に対する不満につながる要因とは別のもので、これらは分けて考えるべきと主張した。たとえば部下の仕事に対する不満要因を管理者が取り除いたとしても、管理者と部下の関係はよくなるかもしれないが、必ずしも部下の動機づけにはならないのである。ゆえに会社の方針や管理、監督の仕方、対人関係、作業条件、給料などは衛生要因としての特徴と位置づけた。これらの要素が十分であれば、部下は仕事に対して不満は抱かないが満足させることにもならない。部下の

仕事に対するモチベーションを高めたければ、達成感、承認、仕事そのもの、昇進、成長などの動機づけ要因を重視すべきだと提唱した。

　彼の考えにもとづくと、伝統的管理手法は管理技術や給料、対人関係、作業条件など仕事の周辺には衛生要因しかなく、本当の動機づけ要因にはなっていなかったと批判できよう。こうした批判はマクレガーのX理論・Y理論が伝統的管理方法を批判したことと共通する部分である。ハーズバーグの理論はマズローやマクレガーの人間観と共通するものが多いが、ハーズバーグの経営学への貢献はマズローやマクレガーの理論を進めて、数多くの実証的な調査研究にもとづき、職務満足や不満の要因を裏づけたことにあるといえる。

　以上見てきたように、マズロー、マクレガー、ハーズバーグを代表とする欲求理論に立脚する論者は、人間の高次の欲求を重視し、潜在的能力の実現、精神的成長を求める自律的成員の動機づけに力点を置くことで、人間関係論にもとづく動機づけを批判的に発展させたのである。

3．近年の動機づけ理論

　初期の動機づけ理論は後年、有効性を疑問視されたものの、これらの議論が基礎になって現代の理論が誕生してきており、動機づけの説明がなされるときに、初期の動機づけ理論の用語が活用される場面も少なくない。そこで以下では、近年の動機づけ理論の代表的なものを紹介していきたい。

■マクレランドの欲求理論

　アメリカの心理学者マクレランド（David McClelland：1917-1998）は、仕事にまつわる欲求として３つの欲求が存在することを提唱した。

　①達成欲求（need for achievement）……困難な課題を成し遂げ、成功の喜びを味わうために努力したいという欲求

　②権力欲求（need for power）……他者に対して影響力を用いてコントロールしたいという欲求

　③親和欲求（need for affiliation）……仕事にかかわる人々と友好的で親密な人間関係を結んでいたいという欲求

　これらの欲求のなかでマクレランドが特に注目したのは、達成欲求といわれている。理由は達成欲求だけが自分自身の心理的な満足、すなわち内的報酬によってもたらされるからである。対人関係や職位など自分の外側からもたらされる外的報酬によって満たされる権力欲求や親和欲求は、ある程度満たされるとさらにその欲求を喚起する報酬を示すのが難しく、反対に内的報酬によって満たされる達成欲求は、さらに上を目指そうとする積極的な行動を喚起する動機づけになる。ほんの少し背伸びするような仕事は、達成欲求の強い人の欲求を刺激し、結果として想像以上の努力を引き出すことができるのである。

■期待理論

　人々は実際にはどのように動機づけられ、行動するようになるのだろうか。動機づけられるプロセスやメカニズムを明らかにするアプローチとして、動機づけ過程論が展開される。そのモデルのなか

の一つである期待理論を取りあげてみよう。

期待理論を最初に定式化したのは、ブルーム（Victor Harold Vroom：1932-）である。人間は主観的な期待価値を最大化する結果を予測して行動するという仮説のもとに、人間がどのように動機づけられるのかという過程に着目した。人間の行動は、どこまでやればよいかの限界値が明らかにされ、どうすればよいかの戦略が十分であり、かつ達成した目標の成果が魅力的であれば、その目標に向かって動機づけられると考えた。

このブルームの影響を受けたポーター＝ローラー（Lyman W. Porter：1930-2015 and Edward E. Lawler, Ⅲ：1938-）の期待理論の基本的な考え方は、動機や欲求をもたらすものは何であれ、それらが得られるという期待を高めることによって特定の行動を引き起こすというものである。「個人が投入する努力の大きさ」は、「努力が報酬に結びつく期待」と「報酬がもつ主観的価値」（誘意性）を掛け合わせた積によって決まるとした。つまり個人が動機づけられる強さは、個人が努力して成果をあげ、それが報酬に結びつくであろう主観的な確率と、その報酬がもつ主観的価値の大きさを掛け合わせたものによって決定される。

期待理論では、マクレガーなどが主張した自己実現欲求ではなく、成員が期待する利益の最大化という合理的な考え方によって人間は行動すると考えた。ゆえに人々の努力を引き出すために、行動する人がより大きな価値を見出す報酬を用意したり、努力が結果に結びつく確率を高めたり、行動の結果として望む報酬が手に入る確率を高めることが必要になる。

■内発的動機づけ

　動機づけのモデルは、モノやカネといった外的報酬による動機づけを扱うブルームらの理論を展開し、純粋にメンバーの内側から生まれる自発的な動機づけの理論がデシ（Edward L. Deci：1942-）によって体系化された。デシはこれを**内発的動機づけ**と呼んだ。

　内発的動機づけとは、仕事に対する興味や関心から生まれるやりがいや達成感など、組織のメンバー自身の内から沸き起こる動機づけのことを意味している。簡単にいえば「見た目には何の報酬もないのに、その人がその行為そのものから喜びや満足を引き出し、その行為に従事している状態」のことをいう。仕事をすること自体が目的になるので、その仕事を自らやりたいと考えて自発的に行動し、仕事から喜びを引き出すことにつながっている。

　内発的動機づけのマネジメントの前提として、メンバーの仕事に対する強い関心・好奇心が必要となる。一人ひとりに「やらされている感」ではなく「やりたい」と思わせることが重要となるが、社員一人ひとりの意識を変える必要があるため、実施方法が明確でなく、短期的には効果が出にくいというデメリットもある。しかしながら、自分の仕事を自身の自己決定によってやり遂げ、効果が見られたときに、人は自分の有能さを実感し、満足感を高めるという。

　デシによれば、有能さや自己決定の感覚を経験したいという欲求は人間が生来もっている感覚であって、自分が有能で自己決定的であることを感じさせてくれるような機会を求め、こうしたチャレンジを成功させようとする。このチャレンジを効果的に処理できれば、自分が有能で自己決定的と感じられるし、そうでなければ仕事がつ

まらないと感じることになる。個人の自己決定の感覚が高いほど、職務満足感が高くなり、反対に自己決定の感覚が低ければ満足感は減少することが明らかにされている。

　組織では一人ひとりが内発的動機づけを高い状態で維持している状態が理想的である。しかし現実的には内発的動機づけだけでビジネスを成り立たせることはほぼ不可能に近い。モチベーションをマネジメントするためには、メンバーの内発的動機づけを維持しつつも、それを生み出すきっかけとして外発的動機づけを利用することが重要になる。

■公 平 理 論

　動機づけの過程論に分類される理論をもう一つ紹介したい。アダムス（John Stacy Adams：1925-）の公平理論（equity theory）によれば、成員が自らの仕事にインプットするものとそこから得るアウトプットとを天秤にかけて、他人のそれと比較した場合、比較相手と等しければ公平な状態と感じる。反対に不公平が存在すると、自分の報酬が過少報酬か過大報酬のいずれかと見る。努力・経験・学歴・能力といったインプットが、給料・賃上げ・表彰などのアウトプットと比較され、この比率が他の人と比べて不平等だとみなすと緊張が生まれる。この緊張が動機づけの基礎となり、人は平等で公正とみなしたものに向けて努力する。

　公平に扱われているか否かは、ハーズバーグ理論でいえば衛生要因であり、仕事のやる気や満足を引き出すものではない。しかし公平に扱われている感覚が、仕事の満足感や働きがいにつながり、その結果として個人の能力発揮を促すことになる。

　興味深いのは、自分が得る報酬によってのみ動機づけられるのではなく、周囲にも影響を与えるということである。たとえば、ある仕事をしている人に臨時ボーナスを出すと約束したとする。その人が、誰が見ても特別な仕事をしているのではなく、平凡なルーティンワークをしていたとしたら、周囲はやる気を失ってしまうだろう。報酬はその人だけに影響を与えるわけではない、というのが公平理論の経営管理への示唆といえる。

４．多様な人材を動機づける

　社員が高いモチベーションをもって生きいきと仕事し、能力を最大限に発揮できるような組織作りをすることが、労働生産性の向上や人材の定着率向上などにつながり、ひいては企業の継続的な発展に寄与するものとなる。仕事において「モチベーションが高い」ということは、社員が自発的に業務改善するなど、「組織目的のために情熱を注いでいる状態」のことを指していることに他ならない。こうした人材を一人でも多く生み出すにはどのように動機づければよいのだろうか。多様化する経営環境のなかで、人的資源を取り巻く環境もますます複雑化しており、動機づけは容易なことではない。
　組織のなかで、当然のことではあるが、そもそも人々に動いてもらわなければ組織目的を達成することは不可能である。メンバーを動機づけ、やる気を最大限に引き出すためには、多様なニーズを理解し、それらに対応していかなければならない。近年の理論では、メンバーが関心の赴くままに自己の目的を追求することを可能にする状況でなければならず、裏を返せば、実現すべき共通目的は行為

に先立って与えられているものではないとさえ主張する論者もいる。ワイク（Karl Edward Weick : 1936-）は、「手段は目的に先行する」と述べ、個人の多様な目的を実現するために仲間と手段を共有し、互いの手段を交換することによって自己の目的に近づこうとする。こうした互酬的な関係を維持することがいつしか共通の目的として、手段への収れんの後に生まれてくると考えた。このようなワイクの考え方は、伝統的に信奉されてきた「組織の共通目的が先にありき」の経営管理とは全く異なるものといえる。共通目的の実現に向けて、あらゆる経営資源が動員され、組織化されるのではなく、メンバーの関心の赴くままに自己の目的を自由に選択し、追求することを可能にする状況のなかから、組織の創造性も出現する。どちらの状況の方が、メンバーがより動機づけられるかは明白といえよう。

　これまで見てきた動機づけ理論の多くはアメリカで生まれたものであり、アメリカという国がもつ社会的・文化的背景に依拠した理論であるともいえる。したがって動機づけ理論の示唆を、文化を超えて移転しようとする場合には注意が必要である。たとえばマズローの欲求五段階説における段階の順位は、不確実性回避の特徴が強い日本では、安全欲求がより高次に来るかもしれない。また育成志向の特徴が強い北欧諸国では社会的欲求が一番上にくるかもしれない。グローバル化する世界のなかで、多様化する労働力を動機づけるためにも、多様な欲求に柔軟に対応し、人々を動機づけていくことが今後一層求められる。

第9章

グローバル経営

　今日、企業は原材料の調達や製品の輸出入、海外現地生産や海外子会社設立など、さまざまな形で海外展開を図っている。あらゆる企業が何らかの形で海外とのかかわりをもっており、国際的な相互依存関係は今後ますます加速していくと考えられる。一方で、国際化を目指す企業は海外展開することで経営環境の異質性に直面することから、国内でのみ活動する企業のマネジメントよりも難しい舵取りを求められる場面は少なくない。

　そこでこの章では、まず企業が国境を越えて国際化する理由を整理したうえで、国際化とグローバル化の違いを述べる。次に、国際経営の主体である多国籍企業を取りあげるが、本社と海外子会社との関係性によって類型化したバートレット＝ゴシャールならびにヒーナン＝パールミュッターの理論を紹介する。

　最後にパルミサーノの「国際企業」「多国籍企業」「グローバル企業」の３分類の整理によって、企業が、海外で売る・作るという国際企業から、海外への権限委譲を進める多国籍企業へと変身し、そして、地球で一つの会社、つまり世界中で一番ふさわしい場所に事業機能を分散させ、適正な場所で、適正な時期に、適正な価格で経営資源を最適化するグローバル企業へと進化を遂げていくというモデルを描いた。

1．企業が国境を越える理由

■国際化の意義

　現在、多くの企業が国境を越えて事業活動を展開している。企業の国際化は程度の差こそあれ当たり前になっており、もはや国際化すべきかどうかではなく、どのように国際化すべきかに議論の焦点が移っている。

　そもそも企業はなぜ国際化するのだろうか。第一の理由は、新たな市場獲得のための国際化である。国内市場の飽和により、これまでのような成長が望めないとき、海外の未開拓の市場や比較的競争の少ない市場に製品を供給して売上を伸ばしていこうとするときに国際化は有効な手立てとなる。

　第二の理由は、競争優位性確保のための国際化である。競争力のある製品を供給するために必要な経営資源を確保することが狙いとなる。たとえば賃金の安い海外で人材を確保したうえで大規模に生産することでコストを削減したりすることが可能になると考えられる。

　第三の理由は、さまざまなリスクを国際化によって回避するメリットである。たとえば、いつどこで起こるかわからない天災は、拠点を複数の国に分散させることでリスクを回避することができるし、海外生産拠点をもつことで原材料の調達から生産までをすべてその国の通貨で行い為替リスクを回避することができる。つまり為替といった経済環境への対応が進む。また政治的な環境によるリス

ク回避も含まれる。国境を越えた企業活動が増えれば、国と国との貿易摩擦や関税、貿易協定などの問題が生じることもある。こうした政治的な圧力に対して、現地生産を開始するなどの国際化が進む。かつての日本の自動車メーカーが欧米で実施した現地生産がこれに当てはまる。

■国際化が難しい理由

　当然のことであるが、国際化を目指す企業は国内にのみ展開する企業のマネジメントと比較して、さまざまな点で異なる部分も多い。政治、経済、文化的背景、人材、通貨、市場のニーズなど、いわゆる経営環境の異質性に対処することは容易ではない。たとえば、本国の優位性を海外に移転する場合、問題になるのはカネや製造装置といった有形の経営資源ではなく、技術や知識、マネジメント体制といった無形の経営資源といわれている。技術や知識、マネジメント体制といったものは、マニュアル化したり目に見える形で表現することが難しく、海外への移転が難しい。国際化を目指す日本企業においては、いわゆる「日本的経営」も海外へ移転するのは難しいとされてきた。

　日本的経営は、終身雇用、年功序列、企業別労働組合、根回し型の集団的意思決定といった、日本企業に特有の経営慣行である。これらはかつて日本企業の強みとして世界的にも評価されたものであり、この強みをどのように移転するかは大きな経営課題だった。しかし、日本という文化的土壌の上に培われた日本的経営を海外拠点で展開しようとしても、機能させることはきわめて困難であり、むしろ日本的経営は他国にはない固有の優位性として認識される方が、

日本企業の存在感を示すものになると考えられた。

　そのようななかでも、海外に移転可能な日本企業に特徴的な生産システム、いわゆる「日本的生産システム」は、普遍的な技術体系として、海外にも広く導入されていたのである。具体的には、工場内の小集団活動、QC サークル（Quality Control：品質管理）、5S 活動（整理・整頓・清掃・清潔・躾）など、現場の一体感を重視した日本的生産システムが海外工場でも導入されていき、日本企業の海外工場でも質の高い生産を行うことができた。

　こうした日本的生産システムも、そのまま海外に移転されるというわけではなく、現地にある程度ローカライズされることが多い。**伊東誼**（1940-）らは海外の生産現場を調査するなかで、日本と異なる経営環境のなかでいかに競争優位性を見出していくかを**生産文化論**のなかで展開している。「生産文化あるいは生産文化論とは字義通りに生産技術とそれを取り巻く、さらにはそれに内包されている風土・文化との対等な融合領域にかかわる学術および技術であり、ここで『文化』に含まれるものは気候、土質、さらには供給電気の電圧や周波数の違いなどという物理的、かつ定量的な因子の他に、民族性によるメンタリティ、嗜好、感性などの違いやそれらに深く関与する歴史的背景および地勢学的視点など」を意味しており、生産文化は国境を越えて国際化する企業が避けては通れない道であるとともに、これを味方につけることができるか否かが今後の国際経営のカギとなるだろう。

　企業文化を論じた**ホーフステッド**（Geert Hendrik Hofstede：1928-）は、各国の文化を測る指標として以下の５つをあげて、各国ごとの文化の違いを明らかにした。

①権力格差……どれくらい権力を重視しているか

②個人主義……どれだけ個人間のつながりが弱いか

③男性度……収入等を重視し、家庭を重視しないか

④不確実性回避……リスクを回避する傾向にあるか

⑤長期志向……長期的な思考をもっているか

　国境を越えて活動する企業が文化の違いをマネジメントしていくためには、異文化を尊重したうえで、異なる文化を橋渡しする管理者を立てたり、個別の国ごとの文化を包含するような企業文化を社内に浸透させたりすることが有効になるだろう。

■国際化とグローバル化

　国際化とよく似た言葉に**グローバル化**あるいは**グローバリゼーション**（globalization）という言葉が使われる。直訳すれば「地球規模化」になるが、これは国際化とは異なる概念であり、整理して理解しておく必要がある。

　国際化（internationalization）は、企業経営の諸活動が国境を越えて国際的に広がって展開することを指している。これに対してグローバル化（globalization）は、企業経営が全地球的な規模で展開されることであり、情報通信技術と国際輸送の発達によって引き起こされた地球規模の経済変化のことを指している。わかりやすくサッカーを例にすると、ワールドカップやオリンピックは監督やコーチには国籍制限がないが、選手は全員がその国の国籍をもっていなければならず、国単位の「国際化」的な大会といえる。一方、欧州のチャンピオンズリーグは、出場する強豪クラブは世界中から優れた選手を集めているのでグローバル化しているといえる。

　企業経営のみならず、われわれの生活にも深く影響を与えるようになったグローバル化が1980年代以降急速に進んだのは、通信と輸送が短時間かつ安価に行えるようになったことに加え、情報技術の発達により従来では考えられなかった国や地域との複雑な物資のやり取りや金融取引が可能になったおかげで、モノやカネ、情報のやり取りが地球規模で簡単に行えるようになったことが理由にあげられる。ヒト・モノ・カネ・情報の行き来が活発になることで世界が相対的に小さくなり、それまで地理的に隔てられていたためにかかわりのなかった人や企業が簡単につながれる時代こそがグローバル化した現代社会といえる。

　カナダの文明評論家マクルーハン（Herbert Marshall McLuhan：1911-1980）は、地球上で情報や物資がやり取りされる様子をあたかも「村」での出来事のイメージでとらえ、**地球村**（global village）と呼んだ。この地球村の考え方を引き合いに出し、**海老澤栄一**（1943-）は特定の国や企業の利害を超えて一人ひとりが地球村での役割や機能を考え、その内容を情報発信し、行動に移すことで得られる地球村の住人としての自覚の重要性を訴えた。こうした考え方が真のグローバル化を引き寄せるといえるだろう。

２．海外進出企業の組織形態

■多国籍企業の分類

　企業が海外進出を行う際に、その組織形態はどのようになっているのだろうか。企業が国際的に複数の国に拠点をもつようになると、

それらをどのように管理していくかが重要な課題となる。一般的に経営の国際化が進展した企業を国際企業と呼んだりするが、そのなかでも世界各地にその国の国籍をもつ現地法人を子会社として設立し、世界的視野で経営している企業は多国籍企業などと呼ばれる。1980年代頃から日米欧の企業の海外進出が活発になり、この多国籍企業の分析も活発になっていった。

そうしたなか、国際経営論に大きな貢献を果たしたのがバートレット（Christopher A. Bartlett：1943-）＝ゴシャール（Sumantra Ghoshal：1948-2004）である。彼らはアメリカ、ヨーロッパ、そして日本の多国籍企業を分析するなかで、グローバルな組織体制として「グローバル型」「マルチナショナル型」「インターナショナル型」の3つの体制があることを示した（表7）。

いずれの組織形態も利点と欠点があるが、バートレット＝ゴシャールはそれらを凌駕する組織形態としてトランスナショナル型を主張した。これはグローバル統合、ローカル適応、各国拠点からの学習のすべてにおいて強みをもつ組織形態である。つまり、資産や能力は各国に分散しているので各国拠点は専門化されているが、一方でそれぞれの拠点は相互依存的に統合されてもいる。そのため現地に適応しつつも、そこから生まれた知識をグローバルで共有できる。バートレット＝ゴシャールは、スイスに本社を置く電力関連、重電、重工業、産業用モーターを主たるビジネスとする多国籍企業のABB社（Asea Brown Boveri：アセア・ブラウン・ボベリ）をトランスナショナル型に近い企業として提示している。しかし、実際に体現している企業はほとんど存在せず、トランスナショナル型はあくまでも理論的な理想形の域を越えない。

表７　バートレット＝ゴシャールの多国籍企業３類型

グローバル型	資源や能力の多くは本国に集中し、その成果を世界規模で活用する。そのため海外子会社は親会社の戦略を実行することになる。規模の経済性、イノベーションの集中による効率性は追求できるが、現地の市場ニーズへの対応や、各国拠点からの学習面で不利。日本企業に多く見られる形態（企業例：松下電器〔現・パナソニック〕）。
マルチナショナル型	資産や能力は海外子会社に分散し、各国拠点は自立している。現地ニーズの対応には適しているが、グローバル統合での効率の追求、拠点間の学習には不利。欧州企業に多く見られる形態（企業例：オランダのフィリップス）。
インターナショナル型	コアとなる能力は本国に集中させるが、その他は海外子会社に分散させる。海外子会社は親会社の能力を現地に適応させて活用する。親会社の知識や能力をうまく移転できるが、グローバル型よりも効率は悪く、マルチナショナル型よりも現地適応の能力は低い。アメリカ企業に多く見られる形態（企業例：アメリカのゼネラルエレクトリック社）。

注：高橋伸夫編著『よくわかる経営管理』ミネルヴァ書房、2011 年、65 ページ
　　をもとに作成

■多国籍化の基準—E-P-R-G プロファイル

　ヒーナン（D. A. Heenan）＝パールミュッター（Howard V. Perlmutter：1925-2011）は、企業の多国籍化の基準の一つとして**E-P-R-G プロファイル**を整理した。これは、バートレット＝ゴシャールの類型論とも多くの共通点が認められる。E-P-R-G プロファイルとは、トップマネジメントの経営志向が、①本国志向型、②現地志向型、③地域志向型、④世界志向型、の４つに分類できるとしたものであ

る。

①**本国志向型**（Ethnocentric：E）……本社主導により重要な意思決定が行われ、海外子会社には本社から指示・命令を出すので自由裁量はない。海外子会社の主要ポストは本国からの派遣社員で占められるといった本国中心主義の考え方。バートレット＝ゴシャールの類型ではグローバルアプローチに相当する。

②**現地志向型**（Polycentric：P）……現地のマネジメントは現地スタッフに任せ、日常的な意思決定は現地子会社に権限委譲される。現地子会社の主要なポストには現地スタッフを登用し、現地化が進んだ経営スタイル。しかし財務、研究開発などの重要な意思決定は本社主導のままである。バートレット＝ゴシャールの類型ではマルチナショナルアプローチに相当する。

③**地域志向型**（Regiocentric：R）……グローバル規模と各国規模の中間に位置する地域（リージョン）規模での経営スタイル。企業を取り巻く経営環境は、各国規模よりも近隣諸国を束ねたリージョン単位で考えた方が効率的な面が多く、リージョン単位で生産拠点・人材採用・戦略策定等を行う。地域本社を設立し、権限委譲をする。バートレット＝ゴシャールの類型には地域志向型が存在しない。

④**世界志向型**（Geocentric：G）……各拠点が相互に依存し合い、本社と海外子会社は協調関係にある。世界を舞台に経営資源の最適化が図られ、世界中からベストな人材を起用するような、真にグローバルな経営スタイル。バートレット＝ゴシャールの「トランスナショナルアプローチ」に最も近い。

ヒーナン＝パールミュッターによれば、多国籍企業の多くが本国

志向から現地志向を経て、最終的には世界志向に向かう傾向があるとしている。しかし世界的視点をもつ経営者が就任することで、一気に世界志向に移行したり、逆にそうした経営者が引退することで世界志向から本国志向に戻ることもありえるという。

■国際企業・多国籍企業・グローバル企業

　企業の国際化にまつわる言葉がいくつか出てきており、それらの違いをどのように整理すべきかについて明確な説明を行ったのが、かつて IBM の CEO であったパルミサーノ（Samuel J. Palmisano：1951–）の「国際企業」「多国籍企業」「グローバル企業」の３分類である。企業は、海外で売る・作るという「国際企業」から、海外への権限委譲を進める「多国籍企業」へと変身し、そして、地球で一つの会社となる。つまり世界中で一番ふさわしい場所に事業機能を分散させ、適正な場所で、適正な時期に、適正な価格で経営資源を最適化するグローバル企業へと進化を遂げるモデルを描いた（表8）。

　①国際企業……本国が拠点としての機能を保持したまま、国内製品を海外で製造・販売する企業。

　②多国籍企業……海外現地法人ごとに製造・販売から財務や人事にわたって権限委譲をしたミニ本社機能を備えた企業。国際企業と比べて海外拠点が「人材・リソース」において、ある程度自立した企業形態のこと。

　③グローバル企業……地球上に「一つの本社」をもち、ヒト・モノ・カネ・情報というすべての経営資源をグローバル規模で最適化している企業。グローバル企業では、展開している拠点がもつすべての機能やサービスを全拠点で共有。そのため、国籍にとら

表8　国際化する企業の３分類

	国際企業	多国籍企業	グローバル企業
イメージ	「海外で作る・売る」	「海外への権限委譲」	「地球で一つの会社」
構造	本社にすべての機能が集約され、国内製品を海外で製造・販売する輸出入企業	海外現地法人ごとに権限委譲をした子会社の集合体	地球上に「一つの本社」をもち、すべての経営資源をグローバル規模で最適化し、機能分散する企業
海外子会社の役割	本社の戦略を実行する	各地域市場への適合	経営資源の統合による効率性とイノベーションを実現しながら各地域市場に適合
競争優位の源泉	効率重視	市場対応力重視	経営資源の有効活用

　われる必要すらなく、価格や品質の観点からとりうる最適解を導き出すことが可能（例：すべての人事サービスをフィリピンのマニラで行う等）。世界各地の社員のなかから優秀な人材を抜擢できるよう本国・海外問わずすべての拠点の機能を「一つの企業」として集約させた形態。

　さらにパルミサーノは、企業のグローバル化の進化形態として、GIE（Globally Integrated Enterprise）というモデルを提唱している。GIE は、グローバル規模で人材情報を一元管理できるなど、あらゆる分野において最適化・同期化している企業を指している。従来のビジネスモデルは、新市場を求め海外に拠点を作り、権限委譲を進め市場規模拡大を狙ういわゆる多国籍化モデルが主流だった。しかし今後は、世界中のビジネスパートナーとの連携により、高度なスキルやプロセスを獲得する一方で、経営資源を一元管理し、より大

きなビジネスチャンスを求め、日々その最適化を繰り返すようなグローバルレベルでの経営最適化モデル、すなわちGIEへとビジネスモデルを転換することが予想される。

参考文献・参考ホームページ

■第1章　経営学とはどんな学問か？

A. J. マロー『クルト・レヴィン―その生涯と業績』（望月衛・宇津木保訳）誠信書房、1972 年、162 ページ

P. F. ドラッカー『エッセンシャル版　マネジメント―基本と原則』（上田惇生編訳）ダイヤモンド社、2001 年、15-16 ページ

井原久光『テキスト経営学（第 3 版）』ミネルヴァ書房、2008 年、2-3 ページ

加護野忠男・吉村典久『1 からの経営学（第 2 版）』中央経済社、2012 年

塩次喜代明・高橋伸夫・小林敏男『経営管理（新版）』有斐閣アルマ、2009 年、9-11 ページ

■第2章　経営管理の発展

C. I. バーナード『新訳　経営者の役割』（山本安次郎・田杉競・飯野春樹訳）ダイヤモンド社、1968 年

F. W. テイラー『科学的管理法』（上野陽一訳編）産業能率短期大学出版部、1957 年

H. クーンツ「経営管理理論のジャングル」H. クーンツ＝C. オドンネル『経営管理の原則（4）』（大坪壇訳）ダイヤモンド社、1966 年

H. ファヨール『産業ならびに一般の管理』（佐々木恒男訳）未来社、1972 年、22・17・50 ページ

H. A. サイモン『経営行動』（松田武彦・高柳暁・二村敏子訳）ダイヤモンド社、1977 年

H. A. サイモン＝J. G. マーチ『オーガニゼーションズ』（土屋守章訳）ダイヤモンド社、1977 年

J. ウッドワード『新しい企業組織』（矢島鈞次・中村壽雄共訳）日本能率協会、1970 年

J. D. トンプソン『オーガニゼーション・イン・アクション』（高宮晋監訳、鎌田伸一・新田義則・二宮豊志訳）同文舘出版、1987 年

Jeffrey Pfeffer & Gerald R. Salancik, *The External Control of Organizations：a Resource Dependence Perspective*, Harper & Row, 1978

J. R. ガルブレイス＝D. A. ネサンソン『経営戦略と組織デザイン』（岸田民樹訳）白桃書房、1989 年

M. P. フォレット『M・P・フォレット　管理の予言者』（三戸公・坂井正廣監訳）文眞堂、1999 年

O. E. ウィリアムソン『市場と企業組織』（浅沼萬里・岩崎晃訳）日本評論社、1980 年

O. E. ウィリアムソン『エコノミック・オーガニゼーション―取引コストパラダイムの展開』（井上薫・中田善啓監訳）晃洋書房、1989 年

P. R. ローレンス＝J. W. ローシュ『組織の条件適応理論』（吉田博訳）産業能率短期大学出版部、1977 年

R. H. コース『企業・市場・法』（宮沢健一・後藤晃・藤垣芳文訳）東洋経済新報社、1992 年

Tom Burns & G. M. Stalker, *The Management of Innovation*（*Revised Edition*）, Oxford University Press, 1994, pp.119–122

W. R. スコット『制度と組織』（河野昭三・板橋慶明訳）税務経理協会、1998 年

井原久光『テキスト経営学（第 3 版）』ミネルヴァ書房、2008 年、109–110・124・159・190・220 ページ

岸田民樹・田中政光『経営学説史』有斐閣アルマ、2009 年、23–27・116–118 ページ

重光直之・片岡裕司・小森谷浩志『週イチ・30 分の習慣でよみがえる職場』日本経済新聞出版社、2017 年、154–161 ページ

徳重宏一郎『経営管理要論（改訂版）』同友館、1994 年、141–143・193 ページ

中野裕治・貞松茂・勝部伸夫・嵯峨一郎編『はじめて学ぶ経営学　人物との対話』ミネルヴァ書房、2007 年

渡辺峻・角野信夫・伊藤健市編著『やさしく学ぶマネジメントの学説と思想』ミネルヴァ書房、2003 年

渡辺深『組織社会学』ミネルヴァ書房、2007 年、62–63 ページ

フォード社「100 Years of the Moving Assembly Line」（https://corporate.ford.com/articles/history/100–years–moving–assembly–

line.html）検索日 2018 年 8 月 22 日

■第3章　経営組織のデザイン

A. D. チャンドラー『組織は戦略に従う』（有賀裕子訳）ダイヤモンド社、2004
年

C. I. バーナード『新訳　経営者の役割』（山本安次郎・田杉競・飯野春樹訳）
ダイヤモンド社、1968 年

F. ラルー『「イラスト解説」ティール組織―新しい働き方のスタイル』（中埜
博・遠藤政樹訳）技術評論社、2018 年

F. ラルー『ティール組織―マネジメントの常識を覆す次世代型組織の出現』
（鈴木立哉訳）英治出版、2018 年

H. ファヨール『産業ならびに一般の管理』（佐々木恒男訳）未来社、1972 年

J. R. ガルブレイス『横断組織の設計』（梅津祐良訳）ダイヤモンド社、1980 年

O. E. ウィリアムソン『エコノミック・オーガニゼーション―取引コストパラ
ダイムの展開』（井上薫・中田善啓監訳）晃洋書房、1989 年

R. H. コース『企業・市場・法』（宮沢健一・後藤晃・藤垣芳文訳）東洋経済新
報社、1992 年

井原久光『テキスト経営学（第 3 版）』ミネルヴァ書房、2008 年、220 ページ

加護野忠男・吉村典久『1 からの経営学（第 2 版）』中央経済社、2012 年、201
ページ

中野裕治・貞松茂・勝部伸夫・嵯峨一郎編『はじめて学ぶ経営学　人物との対
話』ミネルヴァ書房、2007 年、177 ページ

渡辺深『組織社会学』ミネルヴァ書房、2007 年、13 ページ

稲盛和夫オフィシャルサイト「アメーバ経営」
（https://www.kyocera.co.jp/inamori/management/amoeba/）検索日 2018
年 6 月 18 日

ソニー「会社沿革」
（https://www.sony.co.jp/SonyInfo/CorporateInfo/History/history.html）検
索日 2018 年 11 月 23 日

■第4章　経営戦略

A. D. チャンドラー『組織は戦略に従う』（有賀裕子訳）ダイヤモンド社、2004年

B. D. ヘンダーソン『経営戦略の核心』（土岐坤訳）ダイヤモンド社、1981年、189・236ページ

G. ハメル＝C. K. プラハラード『コア・コンピタンス経営―大競争時代を勝ち抜く戦略』（一條和生訳）日本経済新聞社、1995年

H. ミンツバーグ＝B. アルストランド＝J. ランペル『戦略サファリ―戦略マネジメント・ガイドブック』（木村充・奥澤朋美・山口あけも訳）東洋経済新報社、1999年、13ページ

H. ミンツバーグ『戦略計画』（中村元一監訳）産業能率大学出版部、1997年

I. アンゾフ『企業戦略論』（広田寿亮訳）産業能率短期大学出版部、1969年

I. アンゾフ『戦略経営論』（中村元一訳）産業能率短期大学出版部、1980年

J. B. バーニー『企業戦略論』（岡田正大訳）ダイヤモンド社、2003年

M. E. ポーター『競争の戦略』（土岐坤・中辻萬治・服部照夫訳）ダイヤモンド社、1982年、61ページ

M. E. ポーター『競争戦略論Ⅰ・Ⅱ』（竹内弘高訳）ダイヤモンド社、1999年、13ページ

P. ゲマワット『競争戦略論講義』（大柳正子訳）東洋経済新報社、2002年

P. コトラー『マーケティング・マネジメント―持続的成長の開発と戦略展開（第7版）』（小坂恕・疋田聰・三村優美子訳）、プレジデント社、1996年

W. C. キム＝R. モボルニュ『ブルー・オーシャン戦略―競争のない世界を創造する』（有賀裕子訳）ランダムハウス講談社、2005年

井原久光『テキスト経営学（第3版）』ミネルヴァ書房、2008年、226・232・233ページ

加護野忠男・吉村典久『1からの経営学（第2版）』中央経済社、2012年、95・96・133・137ページ

グローバルタスクフォース『通勤大学MBA（7）ストラテジー』総合法令出版、2002年、26-27ページ

グローバルタスクフォース『新版通勤大学MBA（1）マネジメント』総合法令出版、2010年、22-29・35ページ

グロービス経営大学院編著『新版　グロービス MBA　経営戦略』ダイヤモンド社、2017 年、4・33 ページ

経営学検定試験協議会監修、経営能力開発センター編『経営学検定試験公式テキスト 1　経営学の基本　初級受験用（第 4 版）』中央経済社、2013 年、86-87 ページ

佐々木圭吾『みんなの経営学』日経ビジネス人文庫、2016 年、266-270 ページ

塩次喜代明・高橋伸夫・小林敏男『経営管理（新版）』有斐閣アルマ、2009 年、92 ページ

徳重宏一郎『経営管理要論（改訂版）』同友館、1994 年、105・115・128 ページ

ラッキーピエロ（http://luckypierrot.jp/）検索日 2018 年 9 月 6 日

■第 5 章　経営資源の管理

C. M. クリステンセン『イノベーションのジレンマ』（伊豆原弓訳）翔泳社、2000 年

D. H. ピンク『フリーエージェント社会の到来―「雇われない生き方」は何を変えるか』（池村千秋訳）ダイヤモンド社、2002 年

D. H. ピンク『ハイ・コンセプト―「新しいこと」を考え出す人の時代』（大前研一訳）三笠書房、2006 年

E. ペンローズ『企業成長の理論（第 3 版）』（日高千景訳）ダイヤモンド社、2010 年

E. F. シューマッハー『スモールイズビューティフル』（小島慶三・酒井懋訳）講談社学術文庫、1986 年

G. ハメル＝C. K. プラハラード『コア・コンピタンス経営―大競争時代を勝ち抜く戦略』（一條和生訳）日本経済新聞社、1995 年

H. W. チェスブロウ編著『オープンイノベーション』（長尾高弘訳）英治出版、2008 年

J. ガルブレイス『横断組織の設計』（梅津祐良訳）ダイヤモンド社、1980 年、35-47 ページ

J. A. シュンペーター『経済発展の理論』（塩野谷祐一・東畑精一・中山伊知郎訳）岩波文庫、1977 年

M. ポランニー『暗黙知の次元』（高橋勇夫訳）ちくま学術文庫、2003 年

N. ルーマン『信頼─社会的な複雑性の縮減メカニズム』（大庭健・正村俊之訳）勁草書房、1990 年

P. F. ドラッカー『断絶の時代─来たるべき知識社会の構想』（林雄二郎訳）ダイヤモンド社、1969 年、381 ページ

R. フロリダ『クリエイティブ・クラスの世紀─新時代の国、都市、人材の条件』（井口典夫訳）ダイヤモンド社、2007 年

伊丹敬之『経営戦略の論理（第 3 版）』日本経済新聞社、2003 年

加護野忠男・吉村典久『1 からの経営学（第 2 版）』中央経済社、2012 年、12・14-15 ページ

経営学検定試験協議会監修、経営能力開発センター編『経営学検定試験公式テキスト 1　経営学の基本　初級受験用（第 4 版）』中央経済社、2013 年、123 ページ

佐々木圭吾『みんなの経営学』日経ビジネス人文庫、2016 年、102・334 ページ

野中郁次郎・竹内広高『知識創造企業』東洋経済新報社、1996 年

堀江貴文『多動力』幻冬舎、2017 年

JOIC／NEDO「オープンイノベーション白書　初版（概要版）」
（http://www.nedo.go.jp/content/100790825.pdf）検索日 2018 年 8 月 31 日

日本の人事部「オープンイノベーション」
（https://jinjibu.jp/keyword/detl/831/）検索日 2018 年 8 月 31 日

ボストンコンサルティングレポート「将来の組織─勝利の設計 組織能力の重要性」
（https://www.jma.or.jp/keikakusin/pdf/japanese_report.pdf）検索日 2018 年 8 月 31 日

文部科学省「コラム No.07　イノベーションとは」
（http://www.mext.go.jp/b_menu/hakusho/html/hpaa200601/column/007.htm）検索日 2018 年 8 月 30 日

■第6章　組織文化

C. I. バーナード『新訳　経営者の役割』（山本安次郎・田杉競・飯野春樹訳）ダイヤモンド社、1968 年

E. H. シャイン『組織文化とリーダーシップ』（清水紀彦・浜田幸雄訳）ダイヤ

モンド社、1989 年

E. H. シャイン『企業文化―生き残りの指針』（金井壽宏監訳）白桃書房、2004 年

J. P. コッター＝J. L. ヘスケット『企業文化が高業績を生む―競争を勝ち抜く「先見のリーダーシップ」』（梅津祐良訳）ダイヤモンド社、1993 年

P. M. センゲ『学習する組織―システム思考で未来を創造する』（枝廣淳子・小田理一郎・中小路佳代子訳）英治出版、2011 年

S. M. デービス『企業文化の変革』（河野豊弘・浜田幸雄訳）ダイヤモンド社、1985 年、4 ページ

S. P. ロビンス『新版　組織行動のマネジメント』（高木晴夫訳）ダイヤモンド社、2009 年、372-374 ページ

T. E. ディール＝A. A. ケネディー『シンボリック・マネジャー』（城山三郎訳）新潮社、1983 年

海老澤栄一・寺本明輝・行時博孝『智恵が出る組織』同友館、1999 年

金井壽宏『変革型ミドルの探求―戦略・革新指向の管理者行動』白桃書房、1991 年

河野豊弘『現代の経営戦略』ダイヤモンド社、1985 年、32 ページ

鈴木竜太『はじめての経営学　経営組織論』東洋経済新報社、2018 年、125-133 ページ

中野裕治・貞松茂・勝部伸夫・嵯峨一郎編『はじめて学ぶ経営学　人物との対話』ミネルヴァ書房、2007 年、136・138 ページ

藤田誠『経営学入門』中央経済社、2015 年、155-168 ページ

ダイヤモンドオンライン「ピーター・センゲ　学習する組織」（https://diamond.jp/articles/-/1688）検索日 2019 年 3 月 22 日

■第7章　リーダーシップとパワー

A. エチオーニ『組織の社会学的分析』（綿貫譲治監訳）培風館、1966 年

Burt Nanus, *Visionary Leadership*：*Creating a Compelling Sense of Direction for Your Organization*, Jossey-Bass, 1992, pp.3-22

C. C. マンツ＝H. P. シムズ Jr.『自律チーム型組織―高業績を表現するエンパワーメント』（守島基博監訳）生産性出版、1997 年

C. I. バーナード『新訳　経営者の役割』（山本安次郎・田杉競・飯野春樹訳）ダイヤモンド社、1968 年

F. E. フィードラー『新しい管理者像の探究』（山田雄一監訳）産業能率短期大学出版部、1970 年

H. ミンツバーグ『マネジャーの仕事』（奥村哲史・須貝栄訳）白桃書房、1993 年

J. P. コッター『ザ・ゼネラル・マネジャー──実力経営者の発想と行動』（金井壽宏・加護野忠男・谷光太郎・宇田川富秋訳）ダイヤモンド社、1984 年

J. P. コッター『リーダーシップ論──人と組織を動かす能力（第 2 版）』（DIAMOND ハーバード・ビジネス・レビュー編集部・黒田由貴子・有賀裕子訳）ダイヤモンド社、2012 年、43-58 ページ

M. P. フォレット『フォレット経営管理の基礎──自由と調整』（斎藤守生訳）ダイヤモンド社、1963 年、97 ページ

N. M. ティシー・E. コーエン『リーダーシップ・エンジン──持続する企業成長の秘密』（一条和生訳）東洋経済新報社、1999 年

P. セルズニック『組織とリーダーシップ』（北野利信訳）ダイヤモンド社、1963 年

Philip Selznick, *TVA and the Grass Roots : A Study in the Sociology of Formal Organization* (Classic Reprint), Forgotten Books, 2018

P. ハーシー＝K. H. ブランチャード『行動科学の展開──人的資源の活用』（山本成二・水野基・成田攻訳）日本生産性本部、1978 年、225 ページ

R. リッカート『経営の行動科学──新しいマネジメントの探求』（三隅二不二訳）ダイヤモンド社、1964 年

R. E. ケリー『指導力革命──リーダーシップからフォロワーシップへ』（牧野昇監訳）プレジデント社、1993 年

R. J. ハウス『文化を超えるグローバルリーダーシップ──優れた CEO と劣った CEO の行動スタイル』（太田正孝監訳、渡部典子訳）中央経済社、2016 年

R. K. グリーンリーフ『サーバントリーダーシップ』（金井壽宏監訳、金井真弓訳）英治出版、2008 年

R. M. Stogdill, *Stogdill's Handbook of Leadership* : *a Survey of Theory and Research* (*Revised and Expanded Edition*), Free Press, 1981.

R. R. ブレーク＝J. S. ムートン『新・期待される管理者像』（田中敏夫・小見山澄子訳）産業能率大学出版部、1979 年、20 ページ

S. P. ロビンス『新版　組織行動のマネジメント』（高木晴夫訳）ダイヤモンド社、2009 年

V. H. Vroom & P. W. Yetton, *Leadership and Decision-making*, University of Pittsburgh Press, 1975

伊丹敬之・加護野忠男『ゼミナール経営学入門（第 2 版）』日本経済新聞社、1993 年、415-418 ページ

小倉昌男『小倉昌男　経営学』日経 BP 社、1999 年

金井壽宏『変革型ミドルの探求―戦略・革新指向の管理者行動』白桃書房、1991 年

金井壽宏『経営組織』日経文庫、1999 年

金井壽宏『リーダーシップ入門』日経文庫、2005 年

グロービス知見録「パス・ゴール理論―状況に合わせて、部下を動機づける行動をとるべし」
（https://globis.jp/article/2237）検索日 2018 年 10 月 20 日

佐々木圭吾『みんなの経営学』日経ビジネス人文庫、2016 年、163 ページ

塩次喜代明・高橋伸夫・小林敏男『経営管理（新版）』有斐閣アルマ、2009 年、194 ページ

三隅二不二『リーダーシップ行動の科学（改訂版)』有斐閣、1984 年、70 ページ

森本三男『現代経営組織論（第 2 版)』学文社、2001 年

■第8章　モチベーション（動機づけ）

A. R. マズロー『人間性の心理学―モチベーションとパーソナリティ』（小口忠彦監訳）産業能率短期大学出版部、1971 年

E. L. デシ『内発的動機づけ―実験社会心理学的アプローチ』（安藤延男・石田梅男訳）誠信書房、1980 年

K. E. ワイク『組織化の社会心理学』（遠田雄志訳）文眞堂、1997 年

S. P. ロビンス『新版　組織行動のマネジメント』（高木晴夫訳）ダイヤモンド社、2009 年、78-103・138-139 ページ

V. H. ヴルーム『仕事とモティベーション』（坂下昭宣・榊原清則・小松陽一・木戸康彰訳）千倉書房、1982 年

井原久光『テキスト経営学（第 3 版）』ミネルヴァ書房、2008 年

加護野忠男・吉村典久『1 からの経営学（第 2 版）』中央経済社、2012 年

塩次喜代明・高橋伸夫・小林敏男『経営管理（新版）』有斐閣アルマ、2009 年、164–172 ページ

鈴木竜太『はじめての経営学　経営組織論』東洋経済新報社、2018 年、99–115 ページ

高橋伸夫編著『よくわかる経営管理』ミネルヴァ書房、2011 年、210–217 ページ

田中政光『イノベーションと組織選択』東洋経済新報社、1990 年、53–59・206–211 ページ

徳重宏一郎『経営管理要論（改訂版）』同友館、1994 年、199–221 ページ

■第9章　グローバル経営

C. A. バートレット＝S. ゴシャール『地球市場時代の企業戦略―トランスナショナル・マネジメントの構築』（吉原英樹監訳）日本経済新聞社、1990 年

G. H. ホフステード『多文化世界―違いを学び共存への道を探る』（岩井紀子・岩井八郎訳）有斐閣、1991 年

浅川和宏『グローバル経営入門』日本経済新聞社、2003 年、2–9・141–143 ページ

伊東誼著、今野浩・橋爪大三郎編『生産文化論』日科技連、1997 年

海老澤栄一『地球村時代の経営管理』文眞堂、2000 年、328–329 ページ

加護野忠男・吉村典久『1 からの経営学（第 2 版）』中央経済社、2012 年、164–184 ページ

高橋伸夫編著『よくわかる経営管理』ミネルヴァ書房、2011 年、56–76 ページ

人名索引

■ ア 行 ■

アンゾフ（H.I.Ansoff）　　　　85
伊東　誼　　　　　　　　　167
稲盛和夫　　　　　　　　　53
ウェーバー（M.Weber）　　16・56
海老澤栄一　　　　　　　169
小倉昌男　　　　　　　　144

■ カ 行 ■

金井壽宏　　　　　　122・141
ガルブレイス（J.R.Galbraith）
　　　　　　　　31・57・104
クリステンセン（C.M.Christensen）
　　　　　　　　　　　　107
ゴシャール（S.Ghoshal）　　170
コッター（J.P.Kotter）　　139
コトラー（P.Kotler）　　　87

■ サ 行 ■

サイモン（H.A.Simon）　26・104
シャイン（E.H.Schein）　　114
シュンペーター（J.A.Schumpeter）
　　　　　　　　　　　　105
セルズニック（P.Selznick）　141
センゲ（P.M.Senge）　　　123

■ タ 行 ■

チェスブロウ（H.W.Chesbrough）
　　　　　　　　　　　　109
チャンドラー（A.D.Chandler,Jr.）
　　　　　　　　　　　58・64
ティシー（N.M.Tichy）　　140
テイラー（F.W.Taylor）　6・148
ドラッカー（P.F.Drucker）103・109
トンプソン（J.D.Thompson）　31

■ ナ 行 ■

野中郁次郎　　　　　　　103

■ ハ 行 ■

ハーズバーグ（F.Herzberg）　155
バートレット（C.A.Bartlett）　170
バーナード（C.I.Barnard）
　　　　22・35・116・129・147
バーニー（J.B.Barney）　　102
ハメル（G.Hamel）　　　100
ファヨール（J.H.Fayol）
　　　　12・35-36・44・46
フィードラー（F.E.Fiedler）　136
フォード（H.Ford）　　　　9
フォレット（M.P.Follett）　21・129
プラハラード（C.K.Prahalad）　100
ペンローズ（E.E.T.Penrose）　97

ポーター（M.E.Porter）　75
ホーフステッド（G.H.Hofstede）167
ポランニー（M.Polanyi）　103

■　マ　行　■

マクレガー（D.M.McGregor）　153
マズロー（A.H.Maslow）　150
三隅二不二　134
ミンツバーグ（H.Mintzberg）
84・143
メイヨー（G.E.Mayo）20・149・155

■　ラ　行　■

リッカート（R.Likert）　132
ルーマン（N.Luhman）　105
レヴィン（K.Lewin）　131
レスリスバーガー
（F.J.Roethlisberger）　149
ローレンス＝ローシュ
（P.R.Lawrence and J.W.Lorsch）30

■　ワ　行　■

ワイク（K.E.Weick）　163

事項索引

■ アルファベット・数字 ■

AIDMA の法則	91
E-P-R-G プロファイル	171
PDCA サイクル	15
Plan（プラン：計画）	15
Do（ドゥ：実行）	15
Check（チェック：評価）	15
Action（アクション：調整）	15
PEST 分析	88
PM 理論	135
SL 理論	137
SWOT 分析	62・89
VRIO フレームワーク	102
X 理論	153
Y 理論	154
3C 分析	89
4P	90
Product（商品計画）	90
Price（価格設定）	91
Place（販売の経路）	91
Promotion（販売促進）	91

■ ア 行 ■

アメーバ組織	53
暗黙知	103
行き過ぎた合理性	143
意思決定	26
意思決定前提	26
一般システム理論	29
移動組み立て法	10
イノベーション	105
——のジレンマ	107
インセンティブ	147
インベストメントセンター	42
影響力	125-126
衛生要因	156
オープンイノベーション	109
オープンシステム	2・24
オハイオ研究	133

■ カ 行 ■

階層組織	14
価格設定（Price）	91
科学的管理法	6・155
課業	7
学習棄却（アンラーニング）	109
架け橋	44
階層組織における——	37
過剰学習	121
価値観	115
価値前提	26
金のなる木（cash cows）	69
川上統合	64
カンパニー制組織	49
管理過程学派	15-16

管理的活動	13
官僚制	16・56
──の逆機能	18
機械的組織	29
機能別（職能別）戦略	85
規模の経済性	78
基本的仮定	115
競争戦略	75・86
共通目的	24
協働体系	116
クローズドシステム	24
グローバル化／グローバリゼーション	168
グローバル企業	173
経営学の父	6
経営環境	1・94
経営管理	3
──の父	12
経営資源	1
『経営者の役割』	23
経営人	27
経営戦略	61
計画（熟考）型戦略	84
経験曲線	73
経験曲線効果	78
経済人	20・27・148
ケイパビリティ	102
権限	126
──と責任（階層の原則）	14・37
公式──	125
権限委譲説	129
権限受容説	116・129
権限職能説	129
権限法定説	129
現状変革型リーダー論	140
限定（制約）された合理性	26-27
コア・コンピタンス	100・102
貢献	25
貢献意欲	24
公式組織	20・24・149
構造作り	133
国際化	165・168
コストリーダーシップ戦略	77
コンティンジェンシー理論	29-30
コンフリクト	22

■　サ 行　■

差別化戦略	78
差別出来高賃金制	7
時間研究	7
指揮の一元化（原則）	14・38・46
事業戦略	85
事業部制組織	41
事業本部制	43
資源アプローチ	102
自己実現欲求	152
事実前提	26
市場開発戦略	66
市場浸透戦略	65
市場成長率	68
シナジー効果	67
社会人（自然人）	20・149
社会の公器	4
ジャストインタイムシステム（JIT）	8
社内ベンチャー	48

集中戦略	79
状況の法則	22
商品計画（Product）	90
情報資源	99
照明実験	18
職能	40
職能別組織	40
人工物	114
垂直統合	64
スタッフ職能	39
スペシャリスト	41
生産文化論	167
製品開発戦略	66
製品ライフサイクル	72
セクショナリズム	43
セグメンテーション	89
ゼネラリスト	41・43
全員参加経営	53
全社戦略	84
戦略的事業単位（SBU）	47・68
相対的市場占有率（マーケットシェア）	68
創発型戦略	83-84・143
組織学習	109・123
組織間関係論	32
組織構造は戦略に従う	65
組織能力	101
組織の垣根	41
組織文化	113

■ タ 行 ■

ターゲティング	89
怠業	6
組織的——	7
多角化戦略	66
多国籍企業	169・171
タスクフォース	46
地球村	169
知識創造活動	106
知識創造理論	103
知識労働者（ナレッジ・ワーカー）	105・109
Ｔ型フォード	9
ティール組織	58
撤退戦略	72
伝達（コミュニケーション）	24
動機づけ衛生理論	155
動機づけ要因	156
統合	22
動作研究	7
投資収益率（ROI）	42
統制の幅	39
統制範囲の原則	39
道徳的リーダーシップ	25
ドメイン	85
トランスナショナル型	170
取引コスト理論	54

■ ナ 行 ■

内発的動機づけ	160
ニッチ	81
人間関係論	21・125・149・155
ネットワーク組織	55
能率	25

■ ハ 行 ■

バーチャル組織	54
配慮	133
パス・ゴール理論	138
花形製品（stars）	70
パワー	126
販売促進（Promotion）	91
販売の経路（Place）	91
非公式組織	20・149・155
標準化	10
ファイブフォース分析	76
フォーディズム	8-9
フォードシステム	9-10
複雑性の縮減	105
ブルーオーシャン戦略	82
プロジェクト組織	46
プロダクトポートフォリオマネジメント（PPM 分析）	68・72
プロフィットセンター	42
分業（専門化の原則）	14・37
分社化	49
変革型ミドル	122
変革型リーダーシップ理論	139
ホーソン実験	20・149
ポジショニング	90
ポジショニングアプローチ	81

■ マ 行 ■

マーケットチャレンジャー	80
マーケットニッチャー	81
マーケットフォロワー	80
マーケットリーダー	80
マーケティングミックス	90
負け犬（dogs）	70
マトリックス組織	44
マネジメントセオリージャングル	32
マネジリアルグリッド	133
無関心圏	116
命令の一元化（原則）	14・38・46
目標による管理（MBO）	154
モラール	20・149
問題児（question marks）	70

■ ヤ 行 ■

誘因	25
――と貢献	147
有機的組織	29
有効性	25
欲求五段階説	150

■ ラ 行 ■

ラインアンドスタッフ組織	39
ライン職能	39
リーダーシップ	125
――の特性論	130
――の行動論	131
――のコンティンジェンシー理論	135
利害関係者（ステイクホルダー）	3
リソースベースドビュー（資源ベース理論）	102
例外の原則	38

【著者紹介】

湯川　恵子（ゆかわ　けいこ）

神奈川県小田原市生まれ
神奈川大学経営学部国際経営学科教授
博士（経営学）

神奈川大学大学院経営学研究科博士後期課程修了後、
北海道工業大学（現・北海道科学大学）未来デザイン学部
人間社会学科准教授、神奈川大学経営学部国際経営学科准
教授を経て現職

謝辞：

写真提供協力　日本ビーマック株式会社様
図形描画協力　大橋（古川）真理さん
八千代出版株式会社代表取締役　森口恵美子様
同編集部　井上貴文様
示唆を与えてくださったすべての皆様

グローバル時代の経営管理

2019 年 9 月 30 日　第 1 版 1 刷発行
2022 年 4 月 20 日　第 1 版 2 刷発行

著　者―湯川恵子
発行者―森口恵美子
印刷所―美研プリンティング（株）
製本所―（株）グリーン
発行所―八千代出版株式会社

〒101
－0061　東京都千代田区神田三崎町 2-2-13

TEL　03-3262-0420
FAX　03-3237-0723
振替　00190-4-168060

＊定価はカバーに表示してあります。
＊落丁・乱丁本はお取替えいたします。